beck'sche
reihe

Google StreetView, Facebook & Co – Privatsphäre als persönlicher Raum, der sich sicher weiß vor fremden Blicken, ist praktisch tot. Schuld ist das Internet. Datenschutz ist ein Kampf gegen Windmühlen, bestenfalls ein Hinauszögern des Unausweichlichen. Wichtiger ist die Frage, wie wir unser Leben ohne die Sicherheiten der Privatsphäre lebenswert machen können. Es gab früher Zeiten ohne Privatsphäre, und es wird wieder Zeiten ohne Privatsphäre geben. Bei genauerem Hinsehen wird klar, dass sie ohnehin nicht der lupenreine Wohltäter ist, den Datenschützer gern aus ihr machen. Ihre Auflösung bringt nicht nur Aufgaben, denen wir uns stellen, sondern Chancen, die wir ergreifen sollten. Hierbei will dieses Buch helfen: durch Aufzeigen neuer Lebensführungsstrategien und alter und neuer Vorbilder hierfür.

Christian Heller ist Blogger und Filmkritiker. Er befasst sich mit Internet-Kultur und Medienkunst und betreibt die Website www.plomlompom.de.

Christian Heller

POST-PRIVACY

Prima leben
ohne Privatsphäre

Verlag C.H.Beck

Originalausgabe

© Verlag C.H.Beck oHG, München 2011
Satz, Druck u. Bindung: Druckerei C.H.Beck, Nördlingen
Umschlagentwurf: malsyteufel, Willich
Printed in Germany
ISBN 978 3 406 62223 6

www.beck.de

INHALT

1. DAS ENDE DER PRIVATSPHÄRE
Herr Meyer gibt sich dem Netz preis 8 – Herr Meyer hätte gern ein bisschen Privatsphäre 11 – Freiwillige und unfreiwillige Entkleidung 14 – Hilfe, das Internet ist überall 17 – Die Ohnmacht des Rechts über das Netz und die Daten 20 – Kapitulation 22 – Und nun? 24

2. EINE KLEINE GESCHICHTE DES PRIVATEN
Loblied auf den öffentlichen Mann 27 – Leben im Maschinenraum 29 – Private Gemeinschaft im Mittelalter 31 – Der Aufstieg der bürgerlichen Familie 33 – Home, Sweet Home 35 – Furcht vor dem bösen Blick 38 – Privatsphäre und Freiheit 42 – Techniken des Selbst 45

3. DIE ENTFESSELUNG DER DATEN
Die ersten Daten-Maschinen 49 – Die Daten-Universal-Maschine 51 – Daten von jedem, Daten für jeden 54 – Daten für das Selbst 57 – Petabytes statt Theorie 61 – Kirche der Re-Simulation 66 – Für die Freiheit der Daten 71

4. DIE FESSELUNG DER DATEN
Deutsche Schule 74 – Datenschutz und Staat 78 – Datenschutz und private Akteure 80 – Digitale Entmündigung 83 – Wem gehören die Daten? 87 – Duldbarkeit des Datenschutzes 92

5. INFORMATIONSMACHT
Macht und Freiheit 95 – Wissen als Macht 98 – Der Glaube an Wissen als Macht 102 – Transparenz 107 – Die Transparen-

te Gesellschaft 110 – Informationskontrolle und Gesellschaftsform 115 – Privatsphäre und Ordnung 120

6. POST-PRIVACY-TAKTIKEN
Lehren der sexuellen Revolution 124 – Das Ugol'sche Gesetz 129 – Solidarität und Transparenz 133 – Optimierung durch Transparenz 137 – Zurückhaltung oder Filter? 140 – Toleranz 142 – Entgrenzung des Einzelnen 146

7. ABWÄGUNGEN
Im Zweifel für die größere Auswahl 152 – Persönliche Praxis 155 – Die Machtfrage 156 – Risiko 158 – Utopie und Dystopie 160

DANK 162

ANMERKUNGEN 163

1. DAS ENDE DER PRIVATSPHÄRE

Die Privatsphäre ist ein Auslaufmodell. Unser Sein und Handeln, egal wie persönlich oder geheimniskrämerisch, ist zunehmend für andere einsehbar. Wir müssen lernen, damit klarzukommen. Wir treten ein in das Zeitalter der «Post-Privacy»: in ein Leben nach der Privatsphäre.

Dass unsere Privatsphäre empfindlich bedroht sei, hören wir schon länger: Nach verbreiteter Ansicht wird sie angegriffen durch den Überwachungsstaat, durch den Fluss unserer Daten ins Internet, durch kommerzielle Interessen. Exemplarisch seien einige Buchtitel der letzten Jahre genannt: *Das Ende der Privatsphäre: Der Weg in die Überwachungsgesellschaft.*[1] Oder: *Die Überwachungsmafia: Das gute Geschäft mit unseren Daten.*[2] Oder: *1984.exe.*[3] Ein großes Kamera-Auge blickt drohend auf uns herab vom Cover des Bestsellers *Angriff auf die Freiheit: Sicherheitswahn, Überwachungsstaat und der Abbau bürgerlicher Rechte.*[4]

Die zunehmende Einsehbarkeit unseres Lebens und der Kontrollverlust über unsere Daten gelten den meisten Autoren solcher Bücher als eine Bedrohung, gegen die wir uns zur Wehr setzen müssen: *Ausgespäht und abgespeichert: Warum uns die totale Kontrolle droht und was wir dagegen tun können.*[5] Oder: *Die wissen alles über Sie: Wie Staat und Wirtschaft Ihre Daten ausspionieren – und wie Sie sich davor schützen.*[6] Oder: *Die Datenfresser: Wie Internetfirmen und Staat sich unsere persönlichen Daten einverleiben und wie wir die Kontrolle darüber zurückerlangen.*[7]

Eines eint das vorliegende Buch mit den eben genannten Titeln: der Glaube, dass unsere Privatsphäre gerade von allen Seiten heftigst bedrängt wird. Aber daraus folgere ich nicht den Auftrag, die Privatsphäre entschlossen zu verteidigen. Ich halte den Kampf zu ihrer Rettung für längst verloren. Vielleicht lohnt es sich, ihn hier und da noch eine Weile zu führen – aber nur aus taktischen Gründen, und sicher nicht um jeden Preis. Das «Ende der Privatsphäre» bedeutet nämlich nicht unbedingt den Weltuntergang. Was es uns an Freiheit bringt, nicht beobachtet zu werden, das wird in mancher Weise überschätzt. Hingegen eröffnet uns der Pfad, der uns in die Post-Privacy führt, viele neue Freiheitsräume – und die gilt es, zu erkunden. Die Post-Privacy kommt – und wir sollten lernen, das Beste aus ihr zu machen. Das sind, im Groben, die Ideen, die hinter diesem Buch stecken.

Warum bin ich mir so sicher, dass das Ende der Privatsphäre gekommen ist? Manchem klingt die These vielleicht ein wenig gewagt. In diesem ersten Kapitel werde ich versuchen, sie plausibel zu machen. Für Lesefaule die Kurzfassung: Schuld ist das Internet.

Herr Meyer gibt sich dem Netz preis

Das «Internet» ist ein Netz (und einfach «Netz» werde ich es im Folgenden oft nennen) aus intelligenten Maschinen: den «Computern». Sie ernähren sich von Informationen, und eben damit füttern wir sie auch. Sie speichern diese Informationen, verarbeiten sie und schicken sie untereinander hin und her.

Im Netz breiten sich Wissen, Intelligenz und Verständigung aus. Es ist ein junges, heranreifendes Gehirn. Es wächst durch alles, was von außen hineingegossen wird. Über den ganzen Planeten streckt es seine Fühler aus. Das Netz will alles lernen über diese Welt, in die es hineinwächst, in der es langsam zu Bewusstsein gelangt. Sein Speicher ist unendlich groß, entsprechend auch sein Hunger nach Erfahrung, Input, Daten. Tabus wie Datenschutz oder Staatsgeheimnisse kennt seine Neugier nicht.

Gleichzeitig ist das Netz in zunehmendem Maße Unterbau des gesellschaftlichen, kulturellen und persönlichen Lebens von uns Menschen. Nahezu alles ist daran angeschlossen, verewigt sich darin, tauscht sich darüber aus. Wer heutzutage nicht den Anschluss verlieren möchte, der muss am Netz teilnehmen. Und dafür verwandelt er sich in das Blut, in den Lebenssaft des Netzes: in maschinenlesbare Information, also «Daten». Um mitzuspielen, geben wir der Neugier des Netzes das, was sie begehrt.

Stellen wir uns einen Herrn Meyer vor. Herr Meyer will ins Netz. Das Kabel ist gelegt, sein Computer mit dem Internet verbunden.

Was macht Herr Meyer jetzt? Er tippt etwas auf der Tastatur oder klickt mit der Maus irgendwo hin. Auf diese Weise erzeugt er Informationen, die für das Netz bestimmt sind: Anfragen, Wünsche, Eingaben. Die schickt er übers Kabel hinaus. Ins Netz gehen heißt also: einen Kommunikationsvorgang mit dem Netz beginnen, etwas sagen und auf Antwort warten.

Dort, im Netz, schauen sich Herrn Meyers Informationen, seine Bitten um Antwort, für ihn um. Sie tauschen sich mit anderen herumvagabundierenden Informationen und Informationsvorgängen aus. Und irgendwann, wenn sie glauben, das zu haben, was Herr Meyer sucht, schicken sie es ihm als Antwort zurück. Während dieses Vorgangs hinterlassen sie allerorten Spuren oder gar Kopien ihrer selbst. Über diese lernt das Netz von den Dingen der Menschen, von Herrn Meyer und seiner Welt. Herr Meyer erlangt Teilhabe am Netz, indem er ihm etwas von sich preisgibt. Und zu solcher Preisgabe bietet das Netz ihm sehr viele Möglichkeiten.

Will unser Herr Meyer fürs eigene Ich im Netz längerfristig eine Vertretung haben, dann muss er sich eine Netz-Identität aufbauen. Vielleicht bastelt er sich eine persönliche Website, eine Art Internet-Visitenkarte mit folgendem Inhalt: «Hallo, das bin ich, ich bin 42 Jahre alt, komme aus Darmstadt, und das sind Fotos meines Hundes.» Oder er legt sich ein «Profil» auf einer Website wie Facebook.com, MeinVZ.de oder wer-kennt-wen.de an: ebenfalls so etwas wie eine Visitenkarte, die Informationen wie seinen Namen, seinen Wohnort, seine Hobbys oder seine schulische Laufbahn dem Netz mitteilt. Vielleicht hört er an dieser Stelle auch schon auf mit der Selbstdarstellung: Man muss dem Internet ja nicht gleich alles von sich preisgeben, oder?

Aber wenn er will, kann Herr Meyer beliebig fortfahren. Weitere Eingabefelder locken – etwa für seine politischen Sympathien, sein Glaubensbekenntnis oder seine sexuellen Neigungen. Je mehr er eingibt, desto plastischer ist er im Netz vertreten, und umso mehr kann das Netz ihm zurückgeben. Mehr Besucher werden in seinem Profil Interessantes finden. Mehr Verbindungslinien zu anderen im Netz öffnen sich ihm: «Wer hier wohl noch alles dieselbe Grundschule besucht hat wie ich?» Herr Meyer braucht in seinem Profil bloß auf den Namen seiner Grundschule zu klicken:

Prompt bekommt er alle anderen Nutzer aufgelistet, die sich in ihrem Profil als Absolventen derselben bezeichnen. Genauso läuft es mit anderen Angaben: Wer hier wohl noch alles gerne *Raumschiff Enterprise* schaut? Wer wohl noch so alles mit Frau Müller befreundet ist?

Herr Meyer kann dieses Spiel der Selbstdarstellung im Netz sehr weit treiben. Reichen ihm das Auswählen aus Vorgaben und das Ausfüllen von Beschreibungskästchen, wie es wer-kennt-wen und Facebook bieten, noch nicht? Dann startet er eben ein «Blog», um öffentlich im Netz ein Tagebuch zu führen. Oder er legt sich mit dem Dienst Twitter.com einen persönlichen Nachrichten-Ticker an. Hier kann er im Minutentakt und in SMS-Länge der Welt wirklich jede Kleinigkeit mitteilen, die ihn bewegt: von «mir ist langweilig» bis zur Zimmermücke, die seine Nachtruhe stört.

Nun hat selbst der mitteilungsbedürftigste Mensch am Tag leider nur vierundzwanzig Stunden Zeit, um ausführliche Berichte über seine Lebensführung zu verfassen. Wem der Aufwand zu groß wird, der kann diese Aufgabe an die Automaten des Netzes abschieben. Wenn er will, lässt Herr Meyer solche Protokollierungsdienste durchgängig seinen Aufenthaltsort übers Handy orten und einem beliebig großen Personenkreis mitteilen.[8] Oder er weist sie an, alle seine Geldausgaben und Einkäufe zu erfassen und zu veröffentlichen.[9] Rund um die Uhr, ohne Mehraufwand für ihn selbst.

Stellen wir uns vor, Herr Meyer hätte all das schon früher die Welt wissen lassen wollen. Vielleicht wäre er erzählfreudig von Mitmensch zu Mitmensch geeilt, um seine Tagesprotokolle zu verlesen. Sicher wäre ihm irgendwann jemand entgegengetreten und hätte mit strenger Stimme gesagt: «Du, wir wollen das alles gar nicht wissen. Behalte es bitte für dich.» Im Netz dagegen erreicht jede Information nur den, der sich für sie interessiert. Auf Netzbewohner prasselt ständig ein Übermaß an Daten ein. Sie haben deshalb gelernt, auszublenden, was sie nicht wissen wollen. Sie verfügen über unzählige Filter-Verfahren, die dieses Ausblenden leicht machen. So schwindet der Antrieb, jemanden in die Schranken zu weisen, weil er zu viel über sich redet. Es ist einfacher, ein überbordendes Mitteilungsbedürfnis zu ignorieren, als es zu unterbinden.

Herr Meyer hätte gern ein bisschen Privatsphäre

Ein Verteidiger der Privatsphäre könnte angesichts dessen einwenden: «So sind halt Exhibitionisten, sie müssen ihr Leben zwanghaft aller Welt aufdrängen. Normale Menschen aber haben Besseres zu tun.»

Doch wenn wir das als Exhibitionismus verunglimpfen, dann müssen wir einen rapide wachsenden Teil unserer Mitmenschen zu Exhibitionisten erklären. Mehr als neun Millionen Deutsche betreiben Selbstdarstellung auf den Profilen von wer-kennt-wen[10] und doppelt so viele auf denen von Facebook.[11] Weltweit verfügen über 200 Millionen Menschen über ein Twitter-Benutzerkonto.[12] Zum Vergleich: Die Bundesrepublik Deutschland zählt gerade einmal etwas über 80 Millionen Einwohner. Lassen wir den ausgestreckten Zeigefinger auf die «Exhibitionisten» also erstmal stecken.

Aber es stimmt: Die meisten Menschen haben tatsächlich Besseres zu tun, als dem Netz jede Kleinigkeit ihres Lebens mitzuteilen. Viele ziehen sogar klare Grenzen, was sie der Welt preisgeben wollen und was nicht: Einige wenige, ausgewählte Daten über mich dürfen ruhig öffentlich sein. Ein paar mehr Daten, weniger streng ausgewählt, darf ein kleiner Kreis von Vertrauten erfahren. Und der Rest bleibt sicher verborgen, in der Privatsphäre der Dinge, die ich offline lasse.

Dieser Plan scheitert jedoch schon heute an den Möglichkeiten der Datenwelt. Ein Beispiel:

Wie erwähnt, können wir bei Facebook persönliche Profile einrichten und dort vieles reinschreiben – müssen es aber nicht. Beispielsweise: Wer sind meine Freunde? Was sind meine Lieblings-Musikgruppen? Bin ich hetero, bi oder schwul? Die letzte Frage betrachten viele Menschen sicher als Privatsache. Je nach Umfeld kann es sogar fürs eigene Wohl sehr ratsam sein, die eigene Homosexualität geheim zu halten.

Nehmen wir mal an, Herr Meyer sei homosexuell. Er will nicht, dass sein Facebook-Umfeld davon erfährt. So exhibitionistisch ist er nämlich gar nicht, wie eben noch angedacht. Er zieht klare Grenzen, was er der Welt mitteilen möchte und was nicht. Die

Angabe, homosexuell zu sein, wird er in seinem Profil sicher nicht machen.

Herr Meyer geht sogar noch weiter: Er versucht, gar nicht erst einen Eindruck von möglicher Homosexualität aufkommen zu lassen. Er wird sich hüten, Fotos vom letzten Christopher Street Day auf Facebook einzustellen oder andere Vorlieben publik zu machen, von denen er glaubt, sie könnten in dieses oder jenes Schwulen-Klischee passen. Mit solchen Vorsichtsmaßnahmen glaubt er sich einigermaßen sicher. Seine sexuelle Orientierung ist privat, und das soll sie auch bleiben.

Er hat seine Rechnung allerdings ohne die Tüftler vom «Massachusetts Institute of Technology» (MIT) gemacht. Dort hat man ein Verfahren entwickelt, um die Homosexualität von Männern mit Facebook-Profil mit hoher Wahrscheinlichkeit zu ermitteln, selbst wenn sie weder Fotos einstellen noch Vorlieben egal welcher Art verkünden. Alles, was man dafür braucht, ist eine Analyse ihres sozialen Umfelds auf Facebook: Dort ist man ja vor allem, um mit Freunden, Verwandten und Bekannten in Kontakt zu bleiben. Oft genug (es lässt sich abstellen, aber so besorgt sind nur wenige) führt man sie sogar in einer für alle Welt sichtbaren Freundesliste auf. Am MIT fand man nun heraus: Ob ein Student schwul ist, lässt sich näherungsweise vorhersagen über einen bestimmten Anteil von Männern unter seinen Facebook-Freunden, die sich auf ihren eigenen Profilen als schwul outen.[13]

Herr Meyer hat seine Freundesliste nicht geheim gehalten. Jetzt ist er entdeckt. Seine Privatsphäre im Netz hört eben nicht erst dort auf, wo er ausdrücklich etwas von sich mitteilt. Das bisschen Leben, das er von sich öffentlich macht, gibt genug Anhaltspunkte, um noch viel mehr davon freizulegen.

Das Netz wird durchstreift von Computer-Intelligenzen, die Experten sind in Detektivarbeiten wie der eben beschriebenen. Das obige Beispiel ist trivial, verglichen mit ihrem übrigen Können: In ihrer Kombinationsgabe erwecken sie oft den Eindruck eines digitalen Sherlock Holmes. Trainiert werden sie von den allerbesten Mathematikern und Statistikern. Gefüttert werden sie mit einem Daten-Weltwissen, das ausgedruckt und in Buchform gebunden in kein Bibliotheksgebäude der Welt passen würde.

Viele Dienste im Netz bieten uns direkten Zugriff auf solche Intelligenzen. So brauche ich mein Schlafverhalten nicht laut auszusprechen – die Seite SleepingTime.org wirft kurz einen Blick auf meinen persönlichen Nachrichtenticker bei Twitter und schließt daraus beängstigend genau auf meinen Schlafrhythmus. Oder ich schenke dem Empfehlungsportal Hunch.com ein bisschen Lebenszeit. Das stellt mir am laufenden Band Fragen wie zum Beispiel: «Wie rum hängst du dein Klopapier auf?» Nach einer Weile kennt Hunch mich so gut, dass es errät, welches Automodell ich fahre und welche Partei ich wähle. Ähnliche Fragenkataloge kann ich bei der Online-Partnervermittlung OkCupid.com durcharbeiten. Die verspricht, Leute aus meiner Umgebung zu finden, die bezüglich Charakter und Interessen zu mir passen. OkCupids Formeln erweisen sich nicht nur als treffsicher, sondern sogar für Dating-Zwecke als viel zu treffsicher: Aus einer regionalen Auswahl von Hunderten oder Tausenden schlägt es mir zuvorderst Menschen vor, die ich sowieso schon dem eigenen Freundeskreis zurechne. OkCupid kann also recht gut voraussagen, wer wem in einer Stadt über den Weg läuft und dann bei dieser Person hängen bleibt.

Dass Schwule im Durchschnitt mehr schwule Freunde haben als Nicht-Schwule, ist vielleicht nicht überraschend. Herr Meyer grübelt: «Das hätte ich mir denken können, dass meine Freundesliste Hinweise auf meine sexuelle Orientierung gibt.» Aber so offensichtlich scheinen die Zusammenhänge nicht immer. Genug Statistik und Datenmengen vorausgesetzt, lassen sich auch ganz andere Muster erkennen. OkCupid bietet hierfür viele weitere Beispiele. Die Tausenden von Fragen, die man dort beantworten kann, umfassen jedes denkbare Thema: von Politik über Mathematik bis zur persönlichen Hygiene. Bei sieben Millionen Mitgliedern,[14] die diese Fragebögen ausfüllen, kommt so einiges an bemerkenswerter Statistik zusammen, vor allem über die amerikanische Nutzerschaft. Interessante Entdeckungen werden regelmäßig im Firmen-Blog veröffentlicht. So scheinen etwa Anhänger der Republikaner in sich harmonischere Gruppen zu bilden als Anhänger der Demokraten: Zwei Republikaner, die bei OkCupid aufeinander treffen, haben eine höhere Paarungs-Chance als zwei Demokraten.[15] Und die meisten OkCupid-Nutzer mit der Bereitschaft, auf Wunsch des

Partners Vergewaltigungsfantasien auszuspielen, kommen aus den US-Bundesstaaten Nevada, Wyoming und Florida.[16]

Auf dieselbe Weise sammelt OkCupid statistische Auffälligkeiten entlang der Achse zwischen Hetero- und Homosexualität.[17] Herr Meyer kann diese Parameter unmöglich alle abschätzen und zwecks Verschleierung voraussahnen. Jede noch so harmlos anmutende Auswahl an Informationen könnte zu Tage fördern, was er geheim halten möchte.

Freiwillige und unfreiwillige Entkleidung

Wer weiß, was in den Mathematikerköpfen und Computerprozessoren von Internetunternehmen und Geheimdiensten noch so an Rechenverfahren wartet, um unser Intimstes zu enthüllen? Wer sich dagegen absichern will, dem kann man wohl nur zur Paranoia raten: am Besten überall nur das Allernötigste angeben; das Facebook-Profil so karg wie möglich halten; nirgendwo im Netz sich zu irgendwas unter dem eigenen Namen äußern; nur keine Daten eingeben – alles kann dich verraten.

Die Datensparsamkeit, die der Einzelne sich leisten kann, ist aber beschränkt. Er hat oft genug nur die Wahl, am Sozialkosmos des Internets teilzunehmen – oder eben nicht. Wer ein Nutzerkonto bei den gefragtesten Internet-Diensten wie zum Beispiel Amazon, Facebook oder Google hat, der hat diesen bereits den Schlüssel für das Innerste seiner Privatsphäre gegeben. Der kann sich zwar zurückhalten im bewussten, eigenwilligen Verbreiten von Bildern, Äußerungen oder Selbstbeschreibungen. Aber auch so protokollieren und archivieren diese Dienste[18] jeden seiner Klicks; auf welchen ihrer Inhalte er wann und wie lange verweilt; von welchen anderen Seiten im Netz er auf sie gelangt und in Richtung welcher anderen Seiten er sie wieder verlässt; mit welchen ihrer Nutzer er sich unterhält oder auf denselben Fotos landet; nach welchen Begriffen er mit ihren Suchmaschinen fahndet; welchen ihrer Empfehlungen er folgt und welchen nicht.

Die Rechenverfahren von Amazon, Facebook und Google wälzen sich wie wild durch die so entstandenen Daten-Berge. Amazon empfiehlt uns Bücher, von denen es glaubt, dass sie uns interessieren: Aus dem Wissen, was für Bücher wir uns auf seinen Seiten angeschaut und bestellt haben, erahnt es unsere literarischen Vorlieben. Googles Suchergebnisanzeige orientiert sich nicht nur an dem Text, den wir ins Suchfeld eingeben, sondern auch an Googles Einschätzung unserer Interessen – nach einer Auswertung unserer früheren Suchanfragen und unserer früheren Entscheidungen, bestimmte Suchergebnisse anzuklicken oder nicht. Und Facebook macht oft schaurige Vorschläge, mit wem aus seiner großen Nutzerschaft wir uns noch anfreunden sollten: zum Beispiel verstoßene frühere Affären oder andere Menschen aus verdrängten Vergangenheiten. Wie kommt Facebook auf diese Verbindungen? Durch ausgefuchstes «Datamining», also ein möglichst schlaues Umgraben der Daten, die über uns selbst und all die anderen in seinen Datenbanken schlummern.

Gelegentlich wissen die Denkmaschinen des Netzes mehr über uns als wir selbst, unsere Eltern und unsere Freunde zusammengenommen. Was wir dem globalen Gehirn Internet nicht direkt über uns mitteilen, das erfasst und folgert es eben selber – notfalls, ohne uns um Erlaubnis zu bitten.

Nicht jedem gefällt das. Der Verteidiger der Privatsphäre fragt zornig: «Was erlauben diese Dienste sich?» Es gibt viel öffentliche Empörung und Klagen über mangelhaften «Datenschutz» bei all den eben genannten Internet-Riesen. Datenschützer fordern (sinngemäß): «Wissen über uns, unsere Persönlichkeit, unser Umfeld, unser Verhalten gehört unter unsere Kontrolle. Daten, die uns betreffen, sollten nicht ohne unsere ausdrückliche Erlaubnis gesammelt, ausgewertet oder gar mit anderen Daten zusammengeführt werden. Wer das tut, so wie Google oder Facebook, der gehört als Datenverbrecher an den Pranger gestellt.»

Die öffentliche Debatte darüber wird mit beträchtlicher Lautstärke geführt. Ein Großteil der Nutzer etwa von Google oder Facebook dürfte sie inzwischen mitbekommen haben – oder hat sich sogar daran beteiligt. Aber kaum jemand verzichtet deshalb auf Google oder löscht sein Facebook-Profil. Im Gegenteil: Facebook kann sich regelmäßig mit Google um den Titel des Datenschutz-Gefährders Nummer Eins streiten und ist trotzdem in den sieben

Jahren seines Daseins auf knapp 700 Millionen Nutzer angewachsen.[19] Das heißt: Grob ein Zehntel der Menschheit teilt Facebook inzwischen freiwillig mindestens Name und Alter (zu einem gewissen Prozentsatz wahrscheinlich nicht ganz korrekt), Geschlecht, Freundeskreis und das eigene Klick-Verhalten mit. In westlichen Ländern beträgt der Bevölkerungsanteil mit Facebook-Profil wenigstens ein Fünftel (Deutschland) und oft genug schon die Hälfte (USA, Kanada, Großbritannien).[20] Und selbst wer kein Benutzerkonto hat, muss damit rechnen, dass er dennoch irgendwo in den Datensätzen von Facebook Erwähnung findet: Freunde tratschen bei Facebook über abwesende Dritte und benennen deren Gesicht auf den Gruppen- und Partyfotos, die bei Facebook lagern. Eigentlich brauchen unsere Regierungen gar keine Volkszählungen mehr – sie müssen einfach nur höflich bei Facebook anfragen.

Und wer will es all diesen Menschen verdenken, dass sie so offenherzig mitspielen? Unterm Strich scheinen die meisten Gutes und Nützliches aus ihren Verhältnissen zu den bösen «Datenkraken» zu ziehen: Unterhaltung, Sozialleben, Selbstbehauptung. Nicht nur für die Internet-Riesen ist Datenschutz nur ein Lippenbekenntnis, sondern auch für die meisten ihrer vermeintlichen Opfer. Ein lockerer Umgang mit Informationen über andere ist längst nicht nur die Norm bei den Betreibern datensammelnder Webseiten, sondern auch bei den Nutzern untereinander.[21] Datenschützer hoffen, irgendwann würde die Masse ihre Lektion lernen, irgendwann wäre der Bogen überspannt, irgendwann hätten alle die Nase voll von Erfassung, Durchrasterung und Verknüpfung ihrer Daten. Vor die Wahl gestellt zwischen dem Schutz ihrer Privatsphäre und einem Platz in der Neuen Welt, scheinen sich aber mehr und mehr Menschen für Letzteres zu entscheiden. So wurde im Mai 2010, aus Protest gegen die Datenschutz-Politik von Facebook, die bisher vermutlich größte öffentliche Kampagne zum Facebook-Austritt gestartet: der «Quit Facebook Day». Wie viele hatten am Ende dieses Tages geschworen, ihr Facebook-Profil zu löschen? Nicht einmal ein Zehntausendstel der Gesamt-Nutzerschaft.[22]

Hilfe, das Internet ist überall

Ob den Verdateten wirklich bewusst ist, worauf sie sich einlassen? Vielleicht nicht. Aber wie sähen die Alternativen aus? Ein vehementer Verteidiger der Privatsphäre könnte vorschlagen: «Weigere dich einfach, das Internet-Spiel mitzuspielen. Halte dich konsequent raus. Bleib in der schönen Welt da draußen, fern von Internet-Eingabe-Geräten. So wahrst du deine Privatsphäre.»

Nun besteht aber einerseits ein enormer gesellschaftlicher Druck, am Netz teilzunehmen. Fernsehsendungen enden regelmäßig so: «Wenn Sie mehr erfahren möchten, besuchen Sie unsere Website unter ...» Kommentare, Wettbewerbsbeiträge und Bewerbungen sollen eingereicht werden per Online-Formular oder E-Mail. (E-Mails an Google-Mail-Adressen werden übrigens von Googles Algorithmen durchforstet, die im Text-Inhalt nach Hinweisen für passende Werbeanzeigen suchen.[23]) Einladungen zu Veranstaltungen lassen sich verführerisch einfach über Facebook oder ähnliche Dienste abwickeln, was Außenstehende leicht ausschließt. Ein Verweigerer müsste nicht nur Selbstdisziplin üben, sondern vor allem wachsenden Verzicht am gesellschaftlichen Leben.

Andererseits gibt es ein solches «Außerhalb» des Internets gar nicht mehr. Das scheint vielen in Deutschland schlagartig im Sommer 2010 bewusst geworden zu sein, als die Debatte über Googles Dienst «Street View» entbrannte.

Seit 2005 erfasst und veröffentlicht Google in seinen Diensten «Google Maps» und «Google Earth» fotografisch die Erdoberfläche. Angefangen hat alles mit Satellitenfotos sämtlicher Erdregionen, von der Antarktis bis nach Garmisch-Partenkirchen. Über die Jahre wuchs die Bildauflösung dieser Fotos beständig: Konnte man früher gerade einmal das eigene Haus ausmachen, so klappt das heute fürs eigene Auto. Menschen sind zwar bisher nur als Punkte mit Schattenwurf erkennbar. Einen interessierten Blick in Nachbars Garten kann man aber trotzdem werfen.

Dann kam «Street View»: Google fährt weltweit die Innenstädte mit Autos ab, auf deren Dach Kameras montiert sind, und zwar solche mit Rundum-Ansicht: Für alle abgefahrenen Straßen entstehen Panoramaaufnahmen aus Sicht eines Auto-Dachs. Diese Bilder sind jetzt, neben der Draufsicht von oben, als zusätzliche Perspektive auf Google Maps und Google Earth anwählbar. Bekamen wir vorher also nur Einblick in Bereiche, die uns und unseren Augen meist unzugänglich sind – Dächer, Innenhöfe, Gärten –, werden nun die Anblicke nachgereicht, die sich auch jedem normalen Fußgänger bieten: Hausfassaden, Werbeplakate, andere Passanten – der öffentliche Raum, wie ihn jeder sieht, nicht nur der Spionagesatellit.

Umso erstaunlicher war, dass sich gerade daran eine Welle der Empörung entlud. Street View macht nichts öffentlich, was nicht schon vorher öffentlich war. Aber es macht deutlich, dass die Tentakel des Netzes inzwischen den gesamten öffentlichen Raum erfassen und nicht nur ausgewählte Punkte, die man leicht meiden kann. Befeuert durch eine skandalisierende Medienberichterstattung erkannten viele Betroffene ganz richtig: Ohne mein Zutun oder meine Einwilligung reicht der Raum, der ins Internet eingespeist wird, inzwischen bis zu meiner Wohnungstür und meinem Küchenfenster.

Die Gegner von Street View fanden viele gute und schlechte Argumente gegen den Dienst. Was sie nicht fanden, war eine wasserdichte rechtliche Handhabe: An öffentlichen Straßen gelegene Hausfassaden lassen sich schwerlich dem öffentlichen Raum entziehen, den jeder fotografieren und publizieren darf. Ins Bild geratene Passanten werden verpixelt – individuelle Persönlichkeitsrechte bleiben gewahrt. Google hatte aber ein Image als freundlicher Riese zu verlieren. Also schenkte es dem deutschen Datenschutz eine Geste der Demut: Bewohner und Besitzer von Häusern erhielten ein Einspruchsrecht zur Unkenntlichmachung ihrer Fassaden in Street View.

An der Netz-Bekanntheit dieser Fassaden ändert das wenig. Googles Rücksichtnahme reicht nur bis zur Zensur der Fassaden-Fotos, die es selbst geschossen hat – nicht aber bis zur Zensur dessen, was Google-Nutzer aus ihren eigenen Fotoapparaten heraus in den Dienst hochladen. Nutzer von Street View haben die Wahl, sich Googles Fassadenbilder überlagert von den Fassadenbildern der Nutzer anzeigen zu lassen – und einige besonders Eifrige[24] füllen mit ihrer eigenen Arbeit systematisch die Bilderlücken auf, die Hausbewohner-Einsprüche in die Straßenzüge deutscher Städte gerissen haben. Und was sich an Fassaden nicht bei Google findet, findet sich vielleicht bei der Konkurrenz: Zum Beispiel bietet Sightwalk.de Panorama-Straßenansichten der wichtigsten deutschen Innenstädte an – und zwar ohne große Aufregung bereits seit 2009. Microsofts Dienst «StreetSide» macht dasselbe und befindet sich im Jahr 2011 in einer ähnlichen Kompromisssuche mit deutschen Datenschützern wie Street View. Fassaden anschauen kann man aber unzensiert schon seit Längerem bei Microsofts «Bing Maps». Das bietet im Gegensatz zu «Google Maps» nicht nur die reine Vogelperspektive in direktem Lot von oben nach unten, sondern auch in 45°-Schrägen nach allen vier Himmelsrichtungen.

All das ist nur ein Beispiel für einen allgemeineren Trend: Ob nun durch Google-Autos oder Überwachungskameras, durch staatliche Abhörwanzen oder Handyfotos, durch Webcams oder WLAN-Ortungswagen – langsam nähert sich die Erfassung unserer Welt durch Mess- und Aufzeichnungsgeräte einer Totalität an. Und was erfasst wird, wird oft genug breit weiterverteilt, vielleicht sogar jedermann zugänglich gemacht.

Allein mit einem modernen Mobiltelefon trägt bald jeder eine Foto- oder Videokamera, ein Ton-Aufzeichnungsgerät und einen Peilsender mit sich herum. Auch Internet haben diese Geräte inzwischen stets eingebaut: Die persönlichen Nachrichtenticker, die sich Twitterer nennen, berichten via Handy heute aus scheinbar jeder noch so geschlossenen Veranstaltung live. So fällt es immer schwerer, Räume gegen einen Informationsfluss nach innen oder außen abzuschotten. Man bemüht sich um ausdrückliche Twitter-Verbote, wie etwa in den geschlossenen Sitzungen des Stadtrats von Augsburg[25] oder der SPD-Bundestagsfraktion.[26] Doch selbst deutsche Gerichte sind verunsichert: Wie etwa soll während einer Gerichtsverhandlung die Echtzeit-Kommunikation des Publikums mit der Weltöffentlichkeit wirksam unterbunden werden? Das Recht scheint darauf keine saubere Antwort zu wissen.[27]

Kaum noch ein Raum oder eine Situation scheint sicher vor den Maschinen, die die äußere Welt in Datenfutter fürs Netz verwandeln. Langfristig wirksame Abwehrmöglichkeiten gegen die Vervielfältigung der Augen und Ohren um uns herum sind nicht in Sicht. Wenn morgen in jeder Brille und übermorgen in jedem Augen-Implantat eine Kamera mit Echtzeit-Übertragung in die globalen Infoströme eingebaut ist, wollen wir dann Brillen und Augen verbieten?

Die Ohnmacht des Rechts über das Netz und die Daten

Verbote – ja, warum eigentlich nicht? Der Verteidiger der Privatsphäre könnte einwenden: «Dass Technik möglich oder sogar schon da ist, heißt nicht, dass sie eingesetzt werden sollte. Diese Entscheidung hat sich dem gesellschaftlichen Wohl zu beugen. Jenes setzt sich notfalls durch den Zwang der Gesetze durch. Privatsphäre halten wir für einen Bestandteil des gesellschaftlichen Wohls. Notfalls müssen wir das Netz zum Respekt davor zwingen.»

Es kann nicht sein, was nicht sein darf: «Das Internet darf kein rechtsfreier Raum sein.»[28] Tatsächlich erweisen sich Gesetze aber oft genug als unfähig, dem Netz wirksam etwas vorzuschreiben.

Das Recht setzt auf die Durchsetzungsmacht einzelner Staaten in ihren Territorien. Das Netz aber greift über einzelne staatliche Machtgebiete hinaus. Erlässt Deutschland Gesetze, die das Netz regeln sollen, finden die Regelverstöße halt auf Computern im Ausland statt. Dort können sie trotzdem noch von Deutschen abgerufen oder beliefert werden, denn die Verbindungen des Netzes überschreiten Staatsgrenzen. Es bräuchte also globale Rechtslösungen. Die aber kommen nur zäh voran: Weltweit gibt es zu große Unterschiede und Widersprüche zwischen den verschiedenen Rechtsnormen und -interessen. Ehe sich hier die Kräfte sammeln, hat das Netz bereits Fakten geschaffen. Politische und bürokratische Vorgänge alter Form kommen da kaum hinterher.

Traurige Zeugen dieser Entwicklung sind die Musik- und Filmindustrie sowie ihre Brüder und Schwestern der Rechteverwertungsbranche. Lange Zeit lebten sie glücklich davon, dass ihre Produkte – Musik, Bild, Film, Text – nur auf knappen, kontrollierbaren Datenträgern aus Papier oder Kunststoff verbreitet werden konnten. Dann landeten diese Produkte nach und nach als entkörperlichte Information im Netz. Dabei halfen viele Millionen Netz-Nutzer: Achselzuckend verstießen sie gegen undurchsetzbare Gesetze, als sie die Inhalte gekaufter oder auch nur geliehener Datenträger in ihre Internet-Leitungen kopierten.

Findet eine begehrte Information einmal den Weg ins Netz, dann ist sie dort nur schwer wieder herauszubekommen oder sonstwie unter Kontrolle zu bringen. Das Netz ist eine Verbreitungs-, Kopier- und Gedächtnismaschine sondergleichen. Wenn ich hier irgendwo etwas lösche, kann ich mir nie sicher sein, dass nicht andernorts bereits eine Kopie gezogen wurde. Jede Information durchquert auf ihren Wegen Dutzende Vervielfältigungs-Stationen verschiedenster Betreiber. Jeder Einzelne davon kann entscheiden, ob er sich die Information kopiert, insgeheim an Dritte weiterreicht oder gar für jedermann öffentlich macht. Aussichtslos ist die Absicht, Informationen zu entfernen, die einmal durch die Tiefen des Netzes gejagt wurden. Wer gezielt eine Information im Netz zu löschen versucht, der provoziert eher Aufmerksamkeit für das, was er unterdrücken will – und damit dessen Vervielfältigung.[29]

Die Produkte der Musik- und Filmindustrie sind ins Netz gefallen. Sie lassen sich nicht einfach wieder herausfischen. Sie entziehen sich hier der Kontrolle, die das Gesetz ihren Eigentümern eigentlich garantiert. Wild werden sie im Netz konsumiert, getauscht, verschenkt, vermischt und umgestaltet – unter Millionen von Gesetzesverstößen täglich. Um nur einen relevanten Bruchteil davon zu ahnden, müssten ganze Bevölkerungsschichten vor Gericht gezerrt werden. Dieser Kampf gegen «Raubkopierer» und «Internetpiraterie» ist so verzweifelt wie aussichtslos. Wer ihn gewinnen will, der müsste das Internet abschalten.

Genauso wie mit den Daten der Rechteverwertungsbranche verhält es sich mit unseren persönlichen Daten. Nicht nur Unternehmen wie Google oder Facebook, sondern Millionen unserer Mitmenschen befördern sie ins Netz. Geraten sie einmal in dessen Sog, dann haben wir jede Kontrolle über sie verloren. Als unbeschwerte Einsen und Nullen vervielfältigen sie sich mit Leichtigkeit, passen in jede Tauschbörse und durchqueren mühelos jedes Einfang-Gatter, das sie stoppen sollte. Wir können natürlich weiter Gesetze erlassen, die diese Wirklichkeit kriminalisieren. Das heißt aber nicht, dass diese Gesetze das Gewünschte bewirken.

Kapitulation

Unser Leben lässt sich heute aufteilen in zwei Berge von Daten: solche, die jetzt bereits in irgendeinem digitalen Speicher, in irgendeiner Datenbank lagern; und solche, die bald in einer solchen lagern werden.

Sind unsere Daten bereits irgendwo gespeichert, dann haben wir die Kontrolle über sie verloren – egal, was die versprechen, denen wir sie anvertraut haben. Wird nicht böswillig hinter unserem Rücken mit ihnen gehandelt, dann werden sie eben von Dritten gestohlen. Dass 2010 auf dem Schwarzmarkt angeblich anderthalb Millionen gehackte Facebook-Profile zirkulierten,[30] erscheint angesichts der riesigen Facebook-Gemeinde fast schon wie eine statistische Zwangsläufigkeit. Aber selbst moderne Staaten «verlieren» schon mal das eine oder andere: So sind etwa im Jahr 2007 Großbritannien Datenträger mit insgesamt 37 Millionen Datensätzen über seine Bürger abhanden gekommen: CD-ROMs und Festplatten, die man aus Versehen frei herumliegen ließ.[31] Doch was die unbeabsichtigte Freigabe sensibler Personen-Datensätze betrifft, hat vermutlich Sony im Frühjahr 2011 einen neuen Rekord aufgestellt: Als Opfer einer Hacker-Angriffswelle musste das Unternehmen beinahe wöchentlich eingestehen, Kundendaten wie Passwörter und Kreditkarteninformationen an Hacker verloren zu haben – die Zahl der betroffenen Kunden lag bei ungefähr 100 Millionen.[32]

Wer heute Daten sammelt, speichert oder gar auswertet, kann nicht für ihre Sicherheit garantieren. Egal wie gut der Daten-Käfig aus Geheimhaltung, Verboten oder Verschlüsselung geschmiedet sein mag: Es gibt kein perfektes Sicherheitssystem. Jeder Plan hat seine Schwächen, jede Technik ihre Mängel, jede Behörde ihre Korruption. Jeder Informationsvorgang oder -speicher ist nur so vertraulich wie die fahrlässigste oder böswilligste Hand, in die er gelangen könnte. Es ist ein Merkmal des digitalen Zeitalters, dass oft kleinste Verwundbarkeiten oder Lecks ausreichen, um die stolzesten Sicherheitsmauern vollständig zu Fall zu bringen. Und was einmal an Wissen ausläuft ins digitale Weltmeer, das lässt sich nicht wieder zurückpumpen.

Diese Lektion lernten im Jahr 2010 zum Beispiel amerikanische Militärs und Diplomaten – und weltweit Politiker, die vertraulich mit ihnen zu tun hatten. Ein einziger Saboteur scheint zu genügen, um die Datensicherheit der Vereinigten Staaten zu zerstören: Aus einem geschlossenen militäreigenen Netz soll sich der Soldat Bradley Manning heimlich vertrauliches Material auf eine CD-ROM kopiert, diese mit nach Hause genommen und das Ganze von dort ans Internetportal Wikileaks.org weitergeleitet haben.[33] Kurz darauf wanderten Videoaufnahmen von einer fragwürdigen Militäroperation durchs ganze Netz und danach weltweit durch Fernsehnachrichten und Zeitungen. Genauso verhielt es sich wenig später mit der Veröffentlichung von über 90 000 internen, geheimen Dokumenten zum Afghanistankrieg[34] und einer Viertelmillion vertraulicher Depeschen amerikanischer Botschaften.[35] Wenn nicht einmal der US-Sicherheitsapparat seine Datenbanken dicht bekommt, wer dann?

Was aber ist mit dem Teil meines Lebens, der noch in keiner Datenbank steht? Nun, wir haben gesehen: Die Intelligenzen des Netzes müssen etwas nicht direkt gesagt bekommen, um es trotzdem mit guter Trefferquote vorherzusagen. Auch Daten, die für sich genommen harmlos wirken, erlauben unter Hinzunahme von Weltwissen bemerkenswerte Schlüsse. Dieses Vermögen steigt, je mehr Daten als Statistikfutter verfügbar sind. Die Kenntnisse des Netzes über uns werden fortwährend umfangreicher und tiefgehender. Zugleich wächst die Computerintelligenz, sie auszuwerten und entlegene Stellen miteinander in Beziehung zu setzen: die Befähigung, Bekanntes zum Hebel fürs Hervorkehren von bisher Unbekanntem zu machen. Eine positive Rückkopplung: Je mehr ich weiß, desto leichter fällt es mir, das zu erhellen, was ich noch nicht weiß – also: noch mehr zu wissen. Hinzu kommt, dass die maschinellen Rechen- und Speicherkapazitäten, die all dem zugrunde liegen, seit Jahren immer weiter wachsen – und damit wohl noch einige Jahrzehnte fortfahren werden.[36]

Fassen wir zusammen: Die Zahl der Augen und Ohren um uns herum steigt. Ebenso steigt die Zahl der freiwilligen oder unfreiwilligen, böswilligen oder einfach nur fahrlässigen Informanten. Das Verbreiten von Daten fällt immer leichter. Die Menge an Daten über unsere Welt explodiert und ist immer mehr Interessierten zugänglich. Ebenso schnell wächst die Intelligenz, sämtliche Puzzleteile zusammenzufügen, um aufzudecken, was noch geheimgehalten wird. All das staut sich auf zu einem gewaltigen Druck gegen die Privatsphäre als Raum des Verborgenen. Die Orte, Gelegenheiten und Sachverhalte, die sich vor diesem Druck sicher glauben können, schrumpfen in Zahl und Größe. Es fällt immer schwerer, sie zu verteidigen.

Die Kämpfe um Datenschutz und Privatsphäre sind Rückzugsgefechte. Privatsphäre, die einmal ans Netz verloren ist, lässt sich nicht wieder zurückgewinnen. Es geht nicht mehr darum, ihr irgendeinen Gebietsanspruch dauerhaft zu sichern. Es geht nur noch darum, den Rückzug möglichst unblutig zu gestalten – und das Unabwendbare vielleicht lange genug hinauszuzögern, damit wir uns ein wenig darauf einstellen können: Es wird keinen Bereich mehr geben, in dem wir uns vor fremden Blicken sicher glauben können.

Und nun?

Gebe ich damit nicht etwas vorschnell auf? Ein Verteidiger der Privatsphäre könnte einwenden: «Auch wenn der Kampf schwierig bis aussichtslos erscheint – haben wir denn eine andere Wahl, als ihn zu führen? Schließlich geht es hier um die Grundlage persönlicher Freiheit in unserer Gesellschaft. Wenn der Kampf dafür sinnlos geworden sein soll, dann können wir das Menschengeschlecht ja gleich ganz abschreiben.»

Sicher, die Privatsphäre kann förderlich sein für viele wünschenswerte Dinge. Wer sich schützend vor sie stellt, bringt dafür meist hehre Gründe vor: Geschichten über Privatsphäre als Bündnispartner von Menschenwürde, Demokratie, Bürgerrechten, Freiheit, Selbstbestimmung des Einzelnen – und so weiter.

Wenn wir im Namen dieser Bündnis-Geschichten kämpfen sollen, sollten wir sie aber vorher kritisch prüfen. Im Wandel der Zeiten müssen auch die großen politischen Erzählungen immer wieder neu hinterfragt werden. Denn sie haben kein Abonnement auf immerwährende Wahrheit. Worin besteht heute, gerade auch unter sich stark verändernden Umständen, das konkrete Verdienst von Privatsphäre? Ist sie wirklich unser großer Verbündeter im Kampf für unsere Freiheit?

Das ist eine der Fragen, der dieses Buch nachgehen möchte. Eine andere lautet: Wie können – vielleicht sogar: sollen – wir uns in der Zeit des Wandels verhalten, der in diesem Kapitel skizziert wurde? Sollen wir ihn mit offenen Armen empfangen oder uns so lange wie möglich gegen ihn stemmen? Was sind wir bereit, uns die Verteidigung der Privatsphäre kosten zu lassen, vielleicht sogar für sie zu opfern? Oder sollten wir besser gleich aufgeben, nur weil der Kampf aussichtslos erscheint?

Wenn die Privatsphäre langfristig ohnehin verloren ist, zieht das eine dritte Frage nach sich: Wie könnte eine Welt ohne Privatsphäre aussehen? Aus großen liberalen Erzählungen kennen wir eine mögliche Antwort: Eine solche Welt wäre grauenvoll und nicht lebenswert. Aber ist das so sicher? Könnte an der Post-Privacy nicht auch manches gewinnbringend sein? Ohne Zweifel schafft der Niedergang der Privatsphäre viele neue Probleme und Gefahren. Vielleicht bringt er aber auch ganz neuartige Lösungen und Chancen mit sich – nach denen soll in diesem Buch Ausschau gehalten werden.

2. EINE KLEINE GESCHICHTE DES PRIVATEN

Wenn ich der «Privatsphäre» im einleitenden Kapitel den Untergang prophezeit habe, so habe ich dabei einen sehr eng gefassten Begriff von Privatsphäre vorausgesetzt: das Private als ein Geheimnis, als ein Wissen über mich, das Dritten verschlossen bleibt; die Privatsphäre als Raum meines persönlichen Lebens, der sich geschützt weiß vor der Spionage fremder Blicke.

Dabei hat der Begriff des Privaten selbstverständlich noch eine ganze Reihe anderer Bedeutungen. Der «Privatbesitz», in dem sich ein Grundstück befindet, ist nicht unbedingt ein Geheimnis. Das Wirken der «Privatwirtschaft» ist sogar ausgesprochen sichtbar. Und wenn ich nach der Arbeit ins Lokal gehe und dort ein Bier trinke, dann ist das Teil meines «Privatlebens» – ganz unabhängig davon, wie sichtbar ich das tue.

In diesem Buch will ich nicht das Ende der Freizeit ausrufen oder das Ende des Eigentums. Wenn ich vom Ende der Privatsphäre rede, dann meine ich tatsächlich ein Ende von Geheimhaltungen, von Verborgenheiten. Aber hängen nicht all diese Dinge *irgendwie* unter dem Begriff des «Privaten» miteinander zusammen? Wenn ja, dann würde das Ende des einen vermutlich auch die anderen in Nöte bringen.

Vielleicht eint diese verschiedenen Begriffe des Privaten der Respekt, den sie in unserer liberalen Gesellschaft gemeinsam genießen. Wenn man davon spricht, dass etwas «privat» sei, dann klingt darin an, es sei frei vom Diktat durch andere. Mit der Ausrufung des Privaten wird hier ein Selbstbestimmungsrecht betont – als Einzelner, als Familie oder als Unternehmen. Aber was heißt das genau, «Selbstbestimmung»? Und wie fällt es in eins damit, nicht gesehen zu werden?

Tatsächlich sind die Annahmen, was «privat» heißt, was unter das Private fällt, welchen Wert es hat und welchen Regeln es folgt, historisch gewachsen. In diesem Buch ist viel vom Privaten und der Privatsphäre die Rede – insofern lohnt sich ein Blick auf die geschichtliche Bandbreite sowohl des Begriffs vom Privaten als auch dessen, was wir heute damit zu meinen pflegen. Der folgende Versuch einer kleinen Geschichte des Privaten ist nicht umfassend und nicht vollständig. Er beschränkt sich auf unseren westlichen Kulturkreis und greift eher Episoden heraus, als eine Gesamtentwicklung nachzuzeichnen. Er ist skizzenhaft und oberflächlich. Aber er soll zumindest deutlich machen, dass sich ein fester Kern des Privaten gar nicht so einfach behaupten lässt; dass sich das Private sowohl förderlich als auch feindselig zu anderen unserer Werte verhalten kann; dass seine Anziehungskraft sehr von den Umständen abhängt; dass angesichts der Vielfalt der Lebensweisen ein verbindlicher Wert des Privaten kaum einzufordern ist.

Loblied auf den öffentlichen Mann

Der Wortstamm des Privaten reicht zurück bis in die Antike. «Privat» ist abgeleitet vom lateinischen Verb *privare*: «berauben». Das Private ist also zunächst einmal kein eigener Wert. Es ist die Wegnahme von etwas.

Dieses Etwas nannten die Römer *res publica*, die «öffentliche Sache». Wie schon die negative Bestimmung des Privaten nahelegt: Stolz waren die Römer nicht so sehr aufs Private, sondern eher auf ihre *res publica*. Sie bezeichnet, was die Gemeinschaft als Ganzes angeht. Grob gesagt (es ist schwer, im Hin und Her vieler Jahrhunderte eine allzu enge Bedeutung festzumachen) sind das der Staat und seine Gesetze, die gemeinschaftlich nutzbare Infrastruktur, die Politik, ihre Streitgespräche und ihre Mitgestaltung durch mündige Bürger.[1]

In dieser Arena bewies sich der Wert eines Mannes: im Dienst an Rom, durch das Bekleiden staatlicher Ämter, bei glanzvollen Reden im Senat. Den eigenen Namen voranzubringen hieß zum Beispiel, öffentliche Bauwerke zu stiften. Sich groß zu machen hieß, möglichst viel vom eigenen Leben, Können, Reichtum in dieses gemeinsame Projekt der *res publica* zu stecken.[2]

Das Private war das, was ohne diese Ehre auskommen musste, was um sie «beraubt» war, was nicht die öffentliche Sache war. Ein *privatus* war der Mensch ohne Amt. Privat war, was nicht in der Robe der *res publica* passierte. Privat war das Haus, das einem Irgendjemand gehörte anstatt der Republik. Das Private war die Nacktheit und Bedeutungslosigkeit, die von einer Person blieb, wenn ihr öffentlicher Wert von ihr abgezogen wurde. Es war das Handeln, das zur *res publica* nichts unmittelbar beitrug.

Die antike *res publica* strahlt noch heute – oder vielmehr unsere Vorstellung von ihr. Wir verehren die Antike: Nicht umsonst sind Griechisch und Latein die Sprachen der Demokratie, des Rechts, der klassischen Bildung.

Die Gründerväter der USA, die Köpfe der Französischen Revolution und viele nach ihnen träumten von der Wiedereinführung antiker Formen und Begriffe des Politischen. Vielleicht waren sie bezirzt von der geschliffenen Rhetorik und Intellektualität, die wir öffentlichen Männern Roms wie dem großen Cicero andichten. Hier scheint eine ideale Öffentlichkeit aufzublitzen, in der Gleiche unter Gleichen frei, gebildet und zivilisiert das Gemeinwohl aushandeln.

Nur dürfen wir nicht vergessen, wie diese Öffentlichkeit bei genauerem Hinsehen beschaffen war: als Selbstinszenierung einer kleinen Elite auf dem Rücken einer größtenteils unmündigen Masse. Ein Klub superreicher Familien füllte den Senat und betrieb die *res publica* als seine Spielstube, in der man große Reden schwang und sich einen Namen machte. Ein Amt innezuhaben bedeutete in Rom: Spiele ausrichten, Bauarbeiten in Auftrag geben – und zwar aus der eigenen Tasche. Nach oben kam man nur mit eigenem Wohlstand. Da erscheint es ganz natürlich, dass die Politik ein Geschäft der Elite war.

Die Römer glaubten an die Tugend völliger Selbstbestimmtheit. Wer sich aber Sorgen machen muss um niedere Fragen wie den Brotverdienst, der ist nicht selbstbestimmt. Wie soll so jemand die Freiheit von niederen (also: privaten) Zwängen aufbringen, um sich tugendhaft für die Republik einzusetzen? Unbestechlich ist nur der Superreiche. Wer von seiner eigenen Arbeit leben muss, kann gar nicht tugendhaft sein.[3]

Der Dienst an der öffentlichen Sache setzte also voraus, im Privaten so gut aufgestellt zu sein, dass das Private einem nicht zur Last fiel, sondern die notwendigen Mittel für das öffentliche Agieren bereitstellte. Der private Wohlstand rechtfertigte, ermöglichte die politische Karriere. Das Private hatte vielleicht nicht die Strahlkraft des Öffentlichen, war aber sein notwendiger Maschinenraum.

Leben im Maschinenraum

Wie aber war das Private im Detail beschaffen, wie lebte es sich darin? Das bedeutet in der Antike, und auch später noch oft, die Frage nach dem Aufbau der Familie, ihres Haushalts und Besitzes.

Die römische *familia* setzte sich[4] aus einem Haufen Menschen zusammen – Frau, Kinder, Sklaven –, an deren Spitze der Familienvater, der *pater familias* stand. Alle gehörten sie ihm mit Haut und Haar. Er hatte das Recht, sie zu töten. Er bestimmte über den Familienschatz und damit auch über alles, was seine erwachsenen Söhne nach Hause brachten: Herr ihrer selbst und ihrer Einkünfte wurden sie erst mit seinem Tod. Der Familienbesitz, von Generation zu Generation weitergetragen, gründete sich auf weit verstreuten landwirtschaftlichen Gütern. Nach außen erweitert wurde diese Familie um Klienten: Sie standen dem Vater gegenüber in einem Treueverhältnis gegenseitiger Begünstigung.

Der Vater hatte alle Macht. Aber damit er Zeit für die öffentlichen Dinge fand, delegierte er. Die Ehefrau war zuständig für die Leitung des Haushalts und der Sklaven. Weder zu ihr noch zu den Kindern war eine intime Beziehung notwendig: Die Familie hatte letzten Endes eine öffentliche Aufgabe, keine der Innigkeit. Die Kinder landeten eher in der Obhut von Sklaven und fernen Verwandten, als von den Eltern umsorgt zu werden. Verletzten sie die Familienehre, wurden sie öffentlich bestraft.[5]

Die Häuser wohlhabender römischer Familien waren oft prächtig gebaut – aber das muss nicht als Bekenntnis zum Wert des Privaten gedeutet werden. Je prachtvoller ihre Innenräume ausfielen, desto öffentlicher war auch ihre Funktion: zum Beispiel die Ausrichtung von Banketten mit illustren und wichtigen Gästen; oder der regelmäßige Empfang von Klienten, deren Wünschen nach Versorgung und politischer Einflussnahme es nachzukommen galt.

Das Haus einer bedeutenden römischen Familie zeichnete sich aus durch große Innenhofgärten und Eingangshallen und durch die Randständigkeit und Winzigkeit der Räume, in denen man für sich sein konnte. Einige dieser Gebäude orientierten sich so sehr an der Architektur des Offiziellen, dass es Archäologen manchmal schwer fällt, private und öffentliche Häuser auseinander zu halten.[6]

Die niederen Schichten hingegen scheinen nicht nur beengter, sondern auch sehr viel elender, jedenfalls sicher nicht gemütlicher gehaust zu haben. Wer konnte, flüchtete vor dem Muff seines Quartiers in die Geselligkeit der Bäder oder Tavernen.[7] Wer im Haushalt der großen Familien tätig war, war dagegen eingebunden in die ständige Betriebsamkeit der *familia*. Als Sklave hatte man keine eigene Schlafstelle. Oft ruhte man vor der Tür des Herrn.[8]

Und der Herr selbst? Der wusste ständig Sklaven um sich. Horaz dichtet, er spaziere allein – nur um einige Zeilen später den Sklaven zu erwähnen, der ihn übrigens begleite.[9] Vor den Sklaven kannte man aufgrund ihrer Minderwertigkeit keine Scham: Vor Tieren schämte man sich ja auch nicht.[10] So war im Haushalt jeder, vom Herrn bis zum Sklaven, Teil eines ständigen Stroms von Menschen. Öffentlich trat der Herr als freier Einzelner auf. Privat war er nur die Spitze einer Gemeinschaft so groß wie ein Dorf.

Das heißt nicht, dass die antike Welt keine Vorstellung hatte vom Rückzug ins Eigene oder vom Alleinsein. Allerdings dauerte es noch eine ganze Weile, bis solche Ideen mit dem lateinischen Begriff des «Privaten» zu etwas verschmelzen sollten, das unserem modernen Verständnis davon nahekommt. Loblieder des Alleinseins und der Unabhängigkeit von der Welt durchzogen stattdessen diverse Lebensphilosophien, die von den Griechen in die römische Oberschicht wanderten. Sie kreuzten sich auch mit dem langsam im Volk aufsteigenden Christentum.[11]

Dieser Trend wurde in der Spätantike spürbar, als die Begeisterung für den Einsatz in der *res publica* merklich nachließ – selbst in der Oberschicht. Das Glück wurde nun eher in der persönlichen Religion gesucht, unterm eigenen Dach und im Blick nach Innen. War für den Republikaner noch die römische Stadt mit ihren öffentlichen Orten die Bühne der Selbstverwirklichung gewesen, erschien das gesellschaftliche Leben nun immer unattraktiver. Radikale Christen pflegten das Einsiedlertum in der Wüste als Ort der Selbstfindung und als Gegenentwurf zu einer als dekadent empfundenen Zivilisation. In den neuen Kirchen wurde gepredigt, dass das Innere und Geistige im Angesicht Gottes viel mehr wert sei als das Äußere und Weltliche.[12]

Private Gemeinschaft im Mittelalter

Das «Private» umschließt also keineswegs unbedingt ein Allein-Sein, ein Für-sich-Sein oder den Ort, wo der Mensch sich verwirklicht. Das «Recht, allein gelassen zu werden», zu dem amerikanische Juristen die Privatheit Ende des 19. Jahrhunderts erklären werden (siehe unten), erscheint einer individualistischen Kultur wie der unseren als natürliches Bedürfnis. Dabei sind Vereinzelung und starkes Ego keineswegs Voraussetzungen menschlicher Gesellschaften.

Das Mittelalter zum Beispiel war eine Zeit der starken Gemeinschaften, in denen der Einzelne und sein Ich eine vergleichsweise geringe Rolle spielten. Gleichzeitig lässt sich der Übergang vom Römischen Reich ins frühe Mittelalter als eine Zeit der totalen Privatisierung deuten – jedenfalls, wenn wir das Private als das Gegenstück zur *res publica* verstehen: Die gemeinsame Sache zerfiel durch innere Schwäche und unter dem Druck der Völkerwanderung in ein Nebeneinander vieler kleiner Teile, die von den örtlichen Machthabern und Eroberern nicht behandelt wurden wie die Leihgabe eines größeren Ganzen, sondern wie ihr Privatbesitz: ganz und gar ihrem eigenen Recht unterworfen und eifersüchtig gegeneinander abgesteckt.[13]

Das lässt sich als Egoismus darstellen – oder als notwendiger Selbstschutz: Das Römische Reich einte den Mittelmeerraum zu einem eng verzahnten Getriebe, hielt eine gemeinsame Öffentlichkeit und einen gemeinsamen Wirtschaftskreislauf von Ägypten bis zu den Britischen Inseln aufrecht. Als die Sicherheiten des gemeinsamen politischen Gebildes unter Raubzügen und Wirtschaftskollaps wegfielen, sicherte sich eben jeder den Flecken Erde, auf dem er gerade saß, und zog drumherum einen Zaun gegen die nicht mehr ganz so verlässliche Umwelt. Europa verwandelte sich in ein Puzzle von engen Gemeinschaften, die sich notgedrungen nicht auf die Nachbarn oder ein großes Ganzes besonnen, sondern vor allem auf sich selbst: das Dorf, die Burg, das Kloster.[14]

Je bedrohlicher das Außen erscheint, desto wichtiger wird der Zusammenhalt im Innern. Nach außen baute man deshalb hohe Mauern und beäugte jeden Fremden misstrauisch. Nach innen ging man in seiner Gemeinschaft auf, mit Körper und Geist: in einem Orden, einem Dorf, einem feudalen Haushalt. Mönche, Bauern, Ritter: Alle lebten, arbeiteten, beteten, schliefen, wanderten nur in Gruppen, denn in der Gruppe war man stark und sicher. Sich aus der Gemeinschaft lösen zu wollen galt als absurder Wunsch: Wer sie verließ, lud ein zu Raub und Mord. Das Außerhalb war vor allem sichtbar als die Wildnis, als der Wald, in dem nicht nur Irre und Verbrecher, sondern auch Werwölfe und andere Dämonen vermutet wurden.[15]

Wenn wir sie als Einheiten betrachten, dann machen diese Gemeinschaften einen überaus privaten Eindruck: Sie waren stark auf sich selbst bezogen, kontrollierten streng ihren Zugang und verhielten sich nach außen geheimniskrämerisch. Sie schlossen sich ein als Schutz gegen eine feindliche Welt.

Doch je privater die mittelalterlichen Gemeinschaften nach außen waren, desto weniger Privatsphäre gab es für den Einzelnen in ihnen: Außer bei einigen mönchischen Sekten durfte er kaum einen Raum, oft nicht einmal ein Bett für sich allein erwarten. Von der Geburt bis zum Tod wurde er nicht allein gelassen. In den Dörfern, in den Burgen, in den Klöstern kannte und überwachte ständig jeder jeden. Das war der Preis für den Schutz der Gemeinschaft.

Sich die Ruhe und Selbstbestimmtheit der Einsamkeit zu gönnen war im Mittelalter kaum vorgesehen. Historiker, die nach Rückzugsorten der Menschen damals suchen, verorten sie nie unter einem schützenden Dach. Sie verweisen stattdessen auf höfische Liebesromane, in denen langsam Gärten und die freie Natur als Ort entdeckt wurden, wo sich heimlich Liebende treffen konnten.[16] Privatsein im Sinne persönlicher Freiheit war im dunklen Muff übervölkerter Innenräume nicht möglich. Wer davon Erholung suchte, der fand sie am ehesten im Sonnenlicht.

Der Aufstieg der bürgerlichen Familie

Mit dem Herannahen der Renaissance, dem Zerfall der feudalen Ordnung und dem Aufstieg der Geldwirtschaft erwachte Europa als Netzwerk, in dem Nah und Fern wieder munter miteinander verkehrten. Die Welt öffnete sich. Dem Einzelnen taten sich Horizonte und Möglichkeiten auf, die die Enge vorangegangener Jahrhunderte durchstießen. Statt verwachsen und treu zu sein, lohnte es sich nun zunehmend, Ort und Bündnis schnell wechseln zu können. Waren, Menschen, Texte zirkulierten. Ein Raum des Gesprächs entstand, der von Stadt zu Stadt reichte. Diese Unterhaltung sollte über Jahrhunderte anwachsen zu dem, was wir heute auch Öffentlichkeit nennen: den Raum gesamtgesellschaftlichen Gesprächs über Dinge, die viele angehen.

In den Städten dieser Zeit lebte man auf engem gemeinsamen Raum, aber zugleich in großer Selbstbestimmtheit. Die Stadt handelte nicht einfach als Gemeinschaft, sondern einzelne Familien handelten in ihr und zuweilen auch im Wettstreit. Es gab ein Gemeinwohl, ein Stadtgespräch, ein öffentliches Interesse, übergeordnete Gesetze. Aber es gab auch Eigenes, einen eigenen Familiennamen, eigenen Reichtum, eigenen Raum.[17]

Doch für ein modernes Verständnis scheinen die Grenzen zwischen Öffentlichem und Privatem und zwischen dem Eigenen und dem Gemeinsamen noch sehr verschwommen. Werfen wir einen Blick in die Bürgerhäuser um das 15. Jahrhundert herum: Dort verschmolzen Familienhaushalt und das Wirtschaften mit der Straße zu einem geschäftigen Durcheinander. Das Erdgeschoss war Ladenzeile. Hier half die ganze Familie mit. Auch im übrigen Haus herrschte ein buntes Kommen und Gehen zwischen Verwandten, Lehrlingen, Besuchern. Die Räume waren groß und ohne feste Bestimmung, wurden mal fürs Essen benutzt, mal fürs Waschen, mal für den Empfang von Gästen. Das Mobiliar war (daher der Name) beweglich. Betten waren groß, damit sie Platz für viele boten. Statt durch Schlafzimmerwände waren sie vom Rest bestenfalls durch überbaute Vorhänge getrennt.[18]

Mit der mittelalterlichen Ordnung ist auch die mittelalterliche Weltsicht erschüttert. Schauen wir uns etwa bildliche Darstellungen einige Jahrhunderte vor der Renaissance an, dann tragen darin alle Menschen die gleichen, einfach gezeichneten Gesichter. Einzelne treten nur stark verallgemeinert auf, als Vertreter beruflicher oder religiöser Klassen, gekennzeichnet über Größe, Kleidung, Farbe. In der Renaissance aber wurde von den Malern eine genaue Erfassung der körperlichen Natur versucht – vor allem auch das Besondere in der Gestalt jedes Gesichtes, jedes Einzelnen.[19]

Außerdem entstand langsam eine Kultur der Innerlichkeit. Dabei fanden Praktiken aus dem Leben der Klöster Eingang in das der Bürger. Las man zum Beispiel früher nur laut und damit für Zuhörer, wurde nun das stille Lesen geübt: So ließen sich Briefe und Bücher (mit dem gerade erst erfundenen Buchdruck sehr viel häufiger anzutreffen) umso vertiefter studieren. Zwischen dem Leser und dem Autor entstand ein inneres Gespräch. Der Leser konnte innehalten und nachdenken, die Sätze in seinem Kopf hin und her wenden, antworten und fragen. So entfaltete sich langsam eine ganz eigene Welt in seinem Kopf.[20] In die gleiche Richtung wies die religiöse Meditation, die ebenfalls aus den Klöstern ins bürgerliche Haus wanderte. Während das stille Lesen das Buch als Anleitung nahm, setzten sich hier Rosenkranz und Andachtsbild durch. In der Hierarchie der Kirche wurde dieser Trend mit Sorge verfolgt: War es gut, wenn sich die Schäfchen beim Zwiegespräch mit Gott so sehr in die Selbstständigkeit begaben, statt auf den Priester als Mittler zu vertrauen?

Der Einzelne horchte stärker in sich hinein, entdeckte sich dort als Ich und Eigenes. Bei dieser Übung halfen Räume ungestörten Für-sich-Seins. Gerade in den wohlhabenderen Familien «zwickte» man den größeren Mehrzweck-Hallen kleinere Kammern des Rückzugs ab. So wuchs langsam eine unseren modernen Vorstellungen nähere Wertschätzung der Privatsphäre.

Am bedeutendsten für die Entwicklung einer modernen Vorstellung von Privatsphäre ist in dieser Zeit aber vielleicht, was der Historiker Philippe Ariès als Entdeckung der Kindheit beschreibt:[21]

Im Mittelalter galt das Kind als kleiner Erwachsener. Als solcher war es eingebunden in die Arbeit und das Treiben der Straße. Aus dem Schoß der Eltern wurde es so früh wie möglich in die Welt gestoßen. Mit Beginn der Neuzeit, im 16., 17. Jahrhundert, wurde das Kind dann mehr und mehr als Wesen von besonderer eigener Natur, Empfindlichkeit und Kostbarkeit betrachtet. Es bedurfte sorgenvoller Pflege und einer schützend-erzieherischen Einschließung in Schule und Familie. Dieser Wandel vollzog sich vielleicht aufgrund eines neuen Menschenbildes, einer veränderten Einstellung zur Sterblichkeit oder eines größeren Stolzes der bürgerlichen Familie auf das ihr Eigene.[22] Als Ergebnis sortierte die Familie sich vom 17. bis zum 19. Jahrhundert um: weg von einer eher nüchternen Einheit des Wirtschaftens und der Versorgung mit dem Notwendigen, hin zu einem Schutz- und Liebeskörper um und für das aufzuziehende Kind.

Home, Sweet Home

In dieser Zeit wurde das Private entdeckt als eigener Ort, als eigener Wert, als eigene Welt.

Bis dahin wirkte das Innere des bürgerlichen Heims einigermaßen lieblos gestaltet: ein Reich des Notwendigen, aber nicht der Gemütlichkeit; zweckgemäß eingerichtet, aber nicht unbedingt freundlich. Statt Sesseln, Blumenvasen und Pantoffeln begegnen wir im Haus des 15. Jahrhunderts einer Kargheit, in der der beliebteste Gegenstand die überaus praktische große Truhe war:[23] Man kann sich draufsetzen, das Essen auf ihr abstellen, alles Mögliche in ihr lagern, sich sogar hineinlegen – und wenn nötig, war sie rasch anderswohin geschoben. Was brauchte man mehr?

Nun aber erhielt das häusliche Innere ein eigenes Gesicht, ja eine eigene Philosophie. Die Mehrzweck-Hallen wurden aufgeteilt in viele kleine Kammern, die jeweils einem bestimmten Zweck dienten oder einer bestimmten Person gehörten.[24] Hier schliefen die Kinder, dort die Diener. Hier aß man, dort las und schrieb der Vater. Was eben noch ein tragbares Möbelstück war, wurde nun fest im jeweiligen Raum eingelassen. Unzählige weitere Möbel und Gegenstände kamen hinzu, wurden erfunden. Die plumpe Allzwecktruhe zerfiel in eine Vielzahl hochspezialisierter Kästchen, Kommoden, Tischlein, Stühle. Ganze Wissenschaften entstanden von der Vielfalt der Essbestecke, von der körperfreundlichsten Polsterung, der Form von Sesseln und Sofas, der Kunst der Innendekoration.[25]

Das Heim wurde zu einem Kosmos mit Ansprüchen und Gesetzen, die andere und vornehmere waren als die der Straße. Es wurde zur Idylle, zum Ort der meditativen Stille und Selbstfindung. Hier erprobten sich die neuen Vorstellungswelten der Innerlichkeit und der Innigkeit.

Damit diese neue Welt des Eigenen, des kleinen Glücks ganz zu sich finden konnte, musste ihr Kern festgelegt und streng vom Rest abgeschnitten werden. Die Straße mit ihrem Kommen und Gehen wurde zum Feind: Gäste wurden aussortiert, nur noch in Empfangsbereiche vorgelassen – und zwar bloß zu festgelegten Zeiten und nach Einladung.[26] Die Familie selbst schrumpfte auf Vater, Mutter und deren Kinder, in möglichst niedriger Zahl. Die Dienerschaft wurde in ihrer Zahl aufs Nötigste reduziert, in einen eigenen Trakt abgeschoben und nur noch bei Bedarf über Klingelzeichen hinzugeholt. Das muntere Gewimmel von Menschen, das früher den Haushalt bestimmte, war unduldbar geworden. Damit die Zimmer als Orte der Ruhe und des Rückzugs dienen konnten, waren sie nicht mehr direkt untereinander, sondern über Korridore verbunden. Vor allem aber wurde das Heim als Ort des Familienlebens streng abgetrennt vom Geschäft als Ort des Arbeitens und des Verkehrs mit der Öffentlichkeit.

Dem Bürgertum des 19. Jahrhunderts galt das traute Heim als Quelle der Moral: Draußen tobten Revolutionen, Kriege, Industrialisierung, Schmutz und Versuchung. Umso wichtiger war es, dass im Schoß der Familie Anstand, Ordnung und Stille herrschten. Zu ihrem eigenen Besten waren hier die Schwachen und Verführbaren eingesperrt, die Frauen und Kinder. Nur hier (oder vielleicht noch in einem strengen Internat) konnten die Jüngsten ungestört einen guten Charakter erlernen. Kehrte der Mann aus dem brutalen Tohuwabohu der Öffentlichkeit heim, sollte er im Privaten Idylle und Fürsorge erfahren.

Die bereitzustellen war die Aufgabe der Ehefrau. Als die bürgerliche Familie sich im Gegensatz zwischen dem Privaten und dem Öffentlichen erfand, war das vor allem auch Geschlechtspolitik.

Das Aufteilen und Festlegen von Räumen, Verhaltensweisen, Zuständigkeiten zwischen dem Privaten und dem Öffentlichen war eines zwischen Mann und Frau. Den Haushalt und das Familienleben auf der einen Seite zu trennen von Politik und Geschäft auf der anderen hieß: Frau und Kinder im Privaten abkoppeln von der Öffentlichkeit, in der der Mann sich bewegte.[27]

Als die Französische Revolution den Untertan zum Bürger, Freien und Gleichen ernannte, war damit der Mann gemeint. Nur wenige riefen nach der Befreiung der Frau – ihnen schlug Unverständnis entgegen.[28] Liberale Theoretiker pflichteten bei: Die Begabung zur politischen Freiheit besitze der Mann, nicht die Frau. Nur der Mann nämlich sei der Öffentlichkeit gewachsen. Das Aufgabenfeld der Frau liege natürlicherweise, ihm untergeordnet, im Privaten.[29]

Zur Begründung wurden Erzählungen gesponnen über die Geschlechtlichkeit von Öffentlichem und Privatem. Öffentlichkeit und Politik seien der Ort der Vernunft, der lauten Rede, der Härte – und damit des Mannes. Privatheit und Familie hingegen seien der Ort der Gefühle, des Flüsterns und der Fürsorge – und somit der Frau. Die Öffentlichkeit sei Kultur, Zivilisation, die der Mann durch seine Gewalt aus der Natur geformt habe. Das Private dagegen sei die Erdung in Natürlichkeit und Liebe, denen die Frau als kindlicheres Geschöpf noch viel näher stehe als der erwachsene Mann.[30]

Beides, das Öffentliche und das Private, das Männliche und das Weibliche, ergänzte sich in diesem Bild zur Familieneinheit: gelenkt und beschützt vom Mann, mit Sanftheit und Fürsorge erfüllt von der Frau. Die Familie galt, gerade auch für die politischen Theoretiker der Zeit, als sittlicher Mittelpunkt der Gesellschaft. Erst im Privaten fand der Mensch zu sich – das heißt hier aber: nicht als vereinzelter Ausreißer, sondern im moralischen Körper einer engen und strengen, aber auch liebenden Gemeinschaft.[31]

Das 19. Jahrhundert war in vielerlei Hinsicht das Goldene Zeitalter der Privatsphäre: Hier wurde sie erfunden als ein eigener Raum mit eigenem Glück und eigener Kultur – gegen ein Draußen, das draußen bleiben soll. Aber sie erfand sich nicht als das, was heute gerne als ihr Wert angeführt wird: als ein Ort der Freiheit zum Anderssein oder der Freiheit von Herrschaft.

Furcht vor dem bösen Blick

Die Privatsphäre wurde damit zu einem Raum des Guten gegen das Ungute der Außenwelt. So erfand sich das Biedermeier als Erholung von Napoleon und das englische Landhaus als Gegenentwurf zur rumorenden Stadt. Das private Glück war «weiblich», also: zart, zerbrechlich, unselbständig und verlangte starken Schutz.

Diesen Schutz besorgten Mauern und Zäune, Sitten der Abstandsnahme voneinander – und der Staat. Der richtete sich im 19. Jahrhundert ganz auf die bürgerliche Familie als Zelle der Gesellschaft aus. Er schenkte ihr Vorrechte und erklärte Frauen und Kinder als seinem Interesse entzogen, wegsortiert in einen Bereich des Privaten, in dem der Familienvater das letzte Wort hatte. Das Private ist eben immer auch das, was von der übergeordneten Macht dazu erklärt und in seinen Möglichkeiten gestaltet wird.

Ganz sauber gelang die Abtrennung des Eigenen von der Welt freilich nicht. Kaum wollte das Ideal des Privaten sich behaupten, entdeckte es eine neue Bedrohung: die des Blickes, der das Private auszukundschaften, seine Mauern zu durchbohren drohte.

Das 19. Jahrhundert war die Zeit neuer Theorien vom Menschen, seines Funktionierens, seiner Studierbarkeit.[32] Der Mensch wurde in einem ganz neuen Ausmaß zum wissenschaftlichen, medizinischen Forschungsgegenstand. Er wurde vielfach anatomisch und physiognomisch vermessen und erblich-rassisch gedeutet. Die «Psyche» trat auf den Plan, wurde analysiert als Kern des Charakters, als Lenkerin des Verhaltens: In ihr schlummern Geheimnisse, die eine Person ausmachen. Ärzte, Psychologen und Romanautoren erklärten noch die leisesten Zuckungen zu Hinweisen auf bestimmte Veranlagungen und Störungen. Der Mensch wurde zu einem Text, den es zu lesen und interpretieren galt.

Das Bürgertum verinnerlichte diese neuen Methoden, den Menschen zu verstehen und zu erkennen. Man verschlang die Romane und Sachbücher, in denen sie verbreitet wurden, und besuchte die psychiatrischen Zurschaustellungen der Hysterikerinnen.

Die Familie sollte ein Ort der Gesundheit sein. Also suchte sie im Geiste der neuen Lehren nun überall nach Anzeichen sexueller

Krankheit und Perversion. Überall lauerten Gefahren, die gebannt, Fehler, die korrigiert werden mussten. Penibel wurden die Kinder überwacht und kontrolliert, damit sie nur nicht der Masturbation verfielen, die nach zeitgenössischer Theorie Körper wie Persönlichkeit zerstörte.[33]

Das Bürgertum lernte, mit bohrenden Blicken die Welt zu entkleiden. Es galt, die Geheimnisse freizulegen, die die einzelnen Menschen bestimmten, die ihren Wert festlegten: ihre Psyche, ihre Sexualität, ihre Erbanlagen. Die Wissenschaften hiervon waren nicht nur harmlose Neugier. In ihren Fragen wurden die Hebel vermutet zur Volksgesundheit, zum tauglichen Menschen, zur guten Heiratspartie, zur Kriminalitätsbekämpfung.

Je mehr das Bürgertum an diese neuen Erzählungen glaubte, desto stärker wurde es auch von ihnen verängstigt: So, wie der Bürger die anderen Menschen analysierte, konnten diese auch ihn analysieren. In ihm selbst schlummerten möglicherweise ebenfalls düstere Geheimnisse. Was, wenn sie sichtbar wurden? Eine Familie, die ihre Kinder verheiraten wollte, fürchtete das Bekanntwerden des geisteskranken Onkels, des perversen Bruders oder der tuberkulösen Schwester – denn wer wollte seine Blutlinie schon mit Degenerierten kreuzen? Zur Skandalvermeidung wurden solche schwarzen Schafe von ihren Familien weggesperrt und abgeschoben, in die Psychiatrie, ins Erziehungsheim oder an einen Kurort – und die Autoritäten halfen dezent mit, denn die Familien zu schützen hieß, ihre Geheimnisse zu schützen.[34]

Die Familie fürchtete, bohrende Blicke könnten aufdecken, dass sie doch nicht so sauber und heil war, wie sie es gerne wäre, wie sie das vielleicht sogar von sich glaubte. Sie verinnerlichte den Blick auf sich, überlegte in jeder Sekunde, was für einen Eindruck dieses oder jenes machen, welche Rückschlüsse es zulassen konnte.

Das hatte unter anderem zur Folge, dass das eigene Auftreten umso strenger kontrolliert wurde. Schon ein zu lange geworfener Blick, eine falsche Geste konnte jemanden der Krankheit oder Unmoral überführen. Dumm nur, dass die neuen Wissenschaften gerade die Unkontrollierbarkeit der zu erkennenden Zeichen lehrten, ihre biologische Zwangsläufigkeit, das Unbewusste ihres Hervortretens. Also reichte es nicht nur, der Welt oberflächlich etwas vorzuspielen. Nur wenn die Selbstkontrolle total war, bis ins Innerste reichte, konnte man sicher sein, keine verdächtigen Signale auszusenden. Dieses Vorhaben totaler Selbstkontrolle konnte in Verkrampfung und Neurose enden.[35]

Eine andere Konsequenz dieser zunehmenden Sorge war, den Blicken der anderen ganz auszuweichen. Verborgenheit wurde jetzt zur obersten Pflicht der Privatsphäre. Haut wurde strenger verdeckt, Vorhänge wurden zugezogen. Nur nicht auffallen: Die Kleidung der Bürger auf der Straße wurde immer gleichförmiger. Ihre Frauen daheim verfielen in ungesunde Blässe, weil sie sich schon gar nicht mehr ans Tageslicht trauten.[36]

Das erklärt vielleicht auch die Sorge, mit der neuen Technologien wie der Fotografie begegnet wurde. Wer derart viel Angst davor hat, gesehen zu werden, der wird in die Paranoia gestoßen vom Gedanken, ein Schnappschuss könne sein Bild festhalten und vervielfältigen. Nach der Entdeckung der Röntgenstrahlen wurde befürchtet, selbst Wände und Kleidung böten keinen Schutz mehr, sogar in die Denkvorgänge in den Köpfen lasse sich bald hineinschauen.[37]

Auch eine Presse, die Berichte über den Bürger zum Stadtgespräch erheben konnte, wurde zur Bedrohung. So soll sich damals die Ehefrau des amerikanischen Juristen Samuel Warren über Zeitungsberichte zu den feinen Gesellschaften mokiert haben, die sie im Privaten gab. Angeblich[38] eine der Triebfedern für den Text «The Right to Privacy», den Warren im Jahr 1890 mit seinem Berufskollegen Louis Brandeis verfasste – eben jenen Text auch, der Privatheit definiert als «das Recht, allein gelassen zu werden».[39]

Die Sorge um die Privatsphäre war nun immer mehr die Sorge geworden, was die Welt von einem sah, wusste und mitteilte. Und wenn das Private auch das ist, was das Gesetz zum Privaten erklärt und als Privates verteidigt, war es folgerichtig, um eben diese Sorge eine Rechtstheorie zu entwickeln – dieser Aufgabe kamen Warren und Brandeis mit ihrem Text nach. In «The Right to Privacy» schlugen sie einen Rechtsanspruch des Bürgers vor, zu bestimmen, was in der Öffentlichkeit über ihn verbreitet werden darf und was nicht. Zu schützen sei dadurch die «unangetastete Persönlichkeit» – und zwar nicht nur vor bösartigen oder falschen Behauptungen, sondern davor, dass ihre Kernbereiche überhaupt in irgendeiner Weise ungenehmigt thematisiert würden. Wie auch schon beim Wegsperren von Familienmitgliedern, sollte der Staat helfen, das Private durch das Sicherstellen von Geheimnissen zu schützen.

Interessant ist der Text von Warren und Brandeis aber nicht nur durch seine Idee, den Bürger zur schützenswerten Informationsanordnung zu erklären. Auffällig ist auch der Tonfall, mit dem er die Klatschpresse angreift: Ihr Verbrechen liege nicht nur im öffentlichen Entkleiden ehrbarer Bürger, sondern auch darin, über Schlafzimmerthemen das öffentliche Gespräch und die Gehirne der Ungebildeten mit Unwichtigem und Vulgärem zu beschmutzen.

Aus dieser volkspädagogischen Sorge spricht der Blick des Bürgertums auf die unteren Gesellschaftsschichten. Das Bürgertum des 19. Jahrhunderts glaubte seine Überlegenheit begründet in einer Moral, die strikt Privates von Öffentlichem trennte, die Familie schützend abriegelte, Tabus und Trennwände setzte. Privates und Öffentliches zu vermischen, nicht unterscheiden zu können, worüber man redet und worüber nicht – das war aus bürgerlicher Sicht die Krankheit der Arbeiter und Bauern.

Tatsächlich blühte die Kultur des Privaten im 19. Jahrhundert vor allem im Bürgertum. Die niederen Schichten lebten noch in nahezu mittelalterlichen Verhältnissen oder wurden zumindest so wahrgenommen:[40] eng eingebunden in alte Gemeinschaftsformen, in mehreren Großfamilien zusammengepfercht in einräumigen Behausungen, wild zusammengewürfelt in denselben Betten schlafend, lose in der Rollenverteilung, ohne klare Trennung von Familie und Arbeit.

In diesen Verhältnissen vermutete das Bürgertum Brutstätten für Krankheit, Unzucht, Kriminalität und Aufstände. Mit Wohnprojekten, die Familien klar einteilen, Trennwände hochziehen und einen sittlichen Lebenswandel befördern sollten, sollte dieser «Pöbel» zivilisiert werden.

Privatsphäre und Freiheit

Im 20. Jahrhundert demokratisierte sich die Privatsphäre, und zwar auf drei verschiedene Weisen.

Erstens wurden der Unterschicht die Mittel zu einer Privatsphäre geschenkt. Dabei halfen staatliche Förderung und wirtschaftlicher Aufstieg auf der einen Seite, Massenproduktion und eine Vereinfachung der Ansprüche auf der anderen. Landhäuser und Edelbestecke durfte die Proletarierfamilie zwar nicht erwarten, aber zumindest eine billige Mietwohnung mit Küche und Badezimmer und bescheidenem Gemütlichkeitsluxus: Massive Bauprojekte schafften vor allem nach den Zerstörungen des Zweiten Weltkriegs in Europa viel neuen, wohlgeordneten Wohnraum. Für viele Familien der niedrigeren Schichten vollzog sich ein Wandel in der Wohnkultur, für den das Bürgertum ein halbes Jahrtausend brauchte, in wenigen Jahrzehnten.[41]

Zweitens lockerte sich die patriarchale Unterwerfung von Frauen und Kindern im Privaten. Die Ehefrauen gingen außer Haus arbeiten, ein Prozess, der sich im Laufe des Jahrhunderts immer mehr ausweitete – mit besonderen Spitzen während der Kriege, als die Männer an der Front dienten, und kurzfristigen Rückschlägen in den Zeiten danach. Die Kinder rebellierten, vor allem die starken Jahrgänge der Nachkriegszeit. Beide erzwangen damit Zugeständnisse an ihre Selbstbestimmung. Berufsleben und Jugendkulturen waren nicht nur Orte der Flucht, sondern auch Anker für ein Selbstverständnis außerhalb der Familie. Dabei war die Bewegung hinaus aus der Verfügungsgewalt des Vaters oft eine in die Arme der Öffentlichkeit. Der Sozialstaat half mit, indem er viele Versorgungsaufgaben übernahm, für die man zuvor auf den Schoß der Familie angewiesen war.

Drittens erklärte der Westen im Kalten Krieg die Privatsphäre zum Bollwerk der Demokratie: Sie galt nun als der Wert, der die Welt der Freien sichtbar von der der Unfreien unterschied.[42] Dafür wurde sie mit neuer Freiheitlichkeit aufgefüllt: Die Privatsphäre bedurfte zu ihrer Rechtfertigung keiner Aufgabe als familienmoralisches Programm mehr. Sie steht heute für die Freiheit des Einzelnen, und das ist unserer gegenwärtigen liberal-individualistischen Gesellschaft Rechtfertigung genug.[43]

Privatsphäre galt im Kalten Krieg als politischer Kampfbegriff für das Selbstbestimmungsrecht gegen einen übermächtigen Staat. Diese Rolle war nicht neu. Sie wurde schon als Antwort auf die Französische Revolution geprobt. Diese beanspruchte die allumfassende Umgestaltung der Gesellschaft bis in die letzten Ritzen. Nicht nur einige Gesetze sollten reformiert, sondern die Grundlagen des Lebens umgewälzt, ein neuer Mensch geschaffen, neues Verhalten bis ins Innerste eingeübt werden. Gegen diese Gewalt wurde nachträglich das Private ausgerufen. In Erinnerung an den empfundenen Terror wurde es zum Guten und Wahren stilisiert, zu einer Natürlichkeit, gegen die sich kein Gesellschaftsplaner vergehen durfte.[44]

Utopisch und allumfassend eine neue Gesellschaft auszurufen und sie notfalls mit staatlicher Gewalt zu erzwingen – bei aller Werte-Verschiedenheit lässt sich die Französische Revolution in diesem Ansatz durchaus mit den Totalitarismen des 20. Jahrhunderts vergleichen. Und tatsächlich finden wir auch beim Sowjetkommunismus und im Nationalsozialismus den Anspruch radikaler öffentlicher Eingriffe in das, was zuvor als privat galt. Die Nazis erklärten die Fortpflanzungspolitik der Familie zur Sache des Staates. Der Stalinismus erklärte Privatbesitz zum Diebstahl am Kollektiv. Der sowjetische Held war der Jungpionier Pawel Morosow: Er denunzierte seine Familie, seine Eltern beim Staat – weil sie Getreide für sich horteten, statt es ans Kollektiv abzuführen.

Im Westen erlangte George Orwells anti-stalinistischer Roman *1984* eine bis heute ungebrochene Beliebtheit. Darin wird ein monströser Unterdrückungsstaat skizziert. Seine Macht liegt nach verbreiteter Lesart (ich werde es in Kapitel 5 etwas ausdifferenzieren) vor allem darin, dass er den Unterworfenen kein bisschen Privatsphäre mehr lässt. Sogar die Wohnungen werden von ihm videoüberwacht. Doch der Protagonist findet eine Nische in seiner Behausung, die ungeplanterweise *nicht* in den Blickwinkel der Kamera fällt. In diesem Unbeobachtetsein entwickelt er eine Innerlichkeit des Widerstands, der Subversion und der Frage nach einer besseren Welt. Das legt die Interpretation nahe: Privatsphäre ist der Ort der Freiheit, ein Keil gegen die Unfreiheit.

Sicher verdankt die Privatsphäre einen bedeutenden Anteil ihres politischen Kapitals heute dieser Erzählung von der Privatsphäre als Agent der Freiheit gegen den totalitären Staat. Unter Berufung auf diese Formel formieren sich Bürgerrechtsbewegungen gegen staatliche Zähl- und Überwachungsmaßnahmen – und treffen in liberalen Gesellschaften auf einige Bereitschaft, ihre Forderungen in Recht zu gießen: hierzulande beispielsweise die Datenschutzgesetze und sogar ein Grundrecht auf «informationelle Selbstbestimmung» (siehe Kapitel 4).

Gleichzeitig hat das Private aber viel von der moralischen und gesellschaftlichen Bedeutung verloren, mit der im 19. Jahrhundert sein Wert begründet wurde. Heute suchen und finden sich Menschen in anderen Welten als der abgeschotteten Familie: in der Öffentlichkeit der Populärkulturen, in der Massenkommunikation des Netzes. Das Private allein steht nicht mehr für einen bestimmten erstrebenswerten Lebensentwurf und auch nicht für eine unantastbare Natürlichkeit: Die Frauenbewegung hat überzeugend dargelegt, dass gerade das vermeintlich Natürliche im Privaten – etwa die Rollen- und Machtverteilung zwischen Mann und Frau – politisch bestimmt ist. Und was politisch bestimmt ist, das kann auch politisch in Frage gestellt werden (Näheres hierzu in Kapitel 6).

Am Ende des 20. Jahrhunderts war Privatsphäre anerkanntes Bürgerrecht. Aber es herrschte Unklarheit, wofür dieses Recht genau stehen sollte. Juristen und Philosophen stritten sich darüber, was «privacy» in Abgrenzung zu anderen Bürgerrechten heißt, die ebenfalls die individuelle Freiheit zu verteidigen beanspruchen: Hat der Begriff überhaupt eine eigene Bedeutung, einen eigenen Kern? Oder ist er einfach nur austauschbares Ersatzwort für andere Rechte, die auch ohne ihn auskommen?[45] Zu unterschiedlich wurde er verwendet, als dass sein begrifflicher Kern festlegbar wäre. Hierzulande verwandelten ihn die Richter in Datenschutz oder das «Recht am eigenen Bild». Für amerikanische Richter dagegen war Privatheit eher der Grundsatz, mit dem das Recht auf Abtreibung begründet wurde: Ist der Körper einer Frau und was sie damit macht nicht ihre Privatsache?[46] (Auch zu diesen Unterschieden mehr in Kapitel 4.)

Das «Private» ist heute beraubt um seine Erzählungen von der weiblichen Schutzbedürftigkeit und der sittlichen Idylle; es steht nicht mehr für eine bestimmte häusliche, familiäre Kultur, wie sie im Bürgertum des 19. Jahrhunderts gepflegt wurde; es ist auch beraubt um die totalitären Systeme, gegen die es sich als Freiheitswert profilieren könnte; statt einen bestimmten Freiheitsraum klar und eindeutig zu umschließen, zerfasert es heute je nach Interpretation in verschiedenste Richtungen, oft ohne gemeinsamen Schnittpunkt. So steht das «Private» als Begriff und als Wert am Anfang des 21. Jahrhunderts auf eher wackligen Füßen.

Techniken des Selbst

Aber diese grob skizzierte Geschichte des Privaten ist nicht einfach nur die eines einzelnen Begriffs oder Werts. Sie ist vor allem auch die der wechselnden Bedeutung des Einzelnen, seines Wesens und dessen, was er als sein Eigenes betrachtet. Der Europäer im 20. Jahrhundert lebt im Vergleich mit dem Europäer des Mittelalters nicht nur in einer anderen Welt; er hat einen ganz anderen Begriff von sich selbst, von seinem Ich, von dem, was ihn als Individuum ausmacht. Er schreibt sich eine Selbstbestimmtheit und eine innere Welt zu, die seinem Vorgänger tausend Jahre zuvor unvorstellbar gewesen sein dürfte.[47]

Die Geschichte des Privaten ist also zu guten Teilen auch die der Herausbildung unseres modernen Selbst. Beides scheint eng miteinander verbunden. Als Verteidiger der Privatsphäre könnte man somit behaupten: «Wir sind, was wir sind, durch die Privatsphäre. Auf sie zu verzichten, das wäre, als würden wir uns Arme und Beine abschneiden.»

Aber die Privatsphäre, die wir uns heute als Grundrecht vorstellen, ist nicht deckungsgleich mit dem Privaten der obigen Geschichte. Dieses «Private» lässt sich nicht auf einen festen, bleibenden Kern reduzieren. «Das Private», so hoffe ich gezeigt zu haben, ist ein Begriff wechselnder Bedeutung und Anziehungskraft, je nach

Epoche und Umfeld. Das Private vereint in sich eine große Vielfalt von Techniken und Ideen. In *dieser Vielfalt* ist es sicher ein wichtiger Verbündeter, wenn nicht sogar Schoß unseres modernen Selbst. Aber diese Vielfalt ist weitaus mehr als das «Recht am eigenen Bild» oder das persönliche Geheimnis, das sich im 21. Jahrhundert durch Informationstechnologie und Massenvernetzung bedroht sieht.

Ich habe angedeutet, wie Lesetechniken die Innerlichkeit prägen und wie psychologische Romane und die bildliche Darstellung von Personen ihre Vorstellung von sich selbst formen. Ich könnte zahllose weitere Verfahren aufzählen: Wie die Spiegel in die Haushalte kamen und es ermöglichten, sich zum ersten Mal durch die eigenen Augen und nicht nur die der anderen zu sehen.[48] Wie zuerst nur die Oberschicht im Gemälde ihren Gesichtsausdruck erfand und die Fotografie das persönliche Bild demokratisierte.[49] Wie die Kirche mit der Anleitung zur Beichte die Gläubigen anhielt zur Erforschung und damit Erfindung ihres Seelenlebens.[50] Wie das Schreiben von Memoiren und Autobiografien über Jahrhunderte ein Vokabular und eine Grammatik der Selbsterkundung erst entwickelte.[51]

All das sind Techniken des Selbst. Der Schutz vor fremden Blicken spielt bei ihnen keine einheitliche, manchmal gar keine Rolle. Die eine Privatsphäre, über deren Ende dieses Buch nachgrübelt, hat kein Monopol darauf, wie Menschen sich erfinden.

Eines haben diese Techniken gemein: Sie stammen aus ihrer jeweiligen Welt, erfordern das Eingebundensein in sie. Noch die einsamste Arbeit am Selbst kommt nicht aus ohne Sprachen, Verfahren, Ideen, die einer Kultur und damit einer Öffentlichkeit entlehnt werden. Im totalen Alleinsein, in totaler Privatheit lässt sich also auch kein Selbst bauen. Egal, wie wir uns erfinden: Es erfordert den Kontakt mit einer Welt, die hierfür Techniken, Vorlagen, Konzepte liefert.

3. DIE ENTFESSELUNG DER DATEN

Zu Beginn dieses Buches hieß es, schuld am Ende der Privatsphäre sei das Internet. Ich hätte aber auch sagen können: Schuld ist die Verdatung – die Verwandlung unseres Lebens und unserer Welt in Daten, die gespeichert, verarbeitet, verknüpft, ausgeforscht werden. Das Internet ist nur das Leitmedium dieser Entwicklung.

Aber was genau sind diese «Daten», mit denen Datenschützer so viele Gefahren verbinden? Wie ist sie beschaffen, diese angebliche «Währung»[1] im digitalen Zeitalter? Was ist ihr besonderes Können? Was machen Daten aus uns und unserer Welt?

Wenn ich im Folgenden von Daten spreche, dann meine ich: Informationen in einer Form, die für Maschinen lesbar und verarbeitbar ist. Im digitalen Zeitalter ist das jede Information, die sich übersetzen lässt in eine Abfolge von Einsen und Nullen. Einmal in diese Form gebracht, passt sie für den Computer durch jede seiner Leitungen und in jeden seiner Speicher. Dann kann er sie beliebig zerteilen und wieder neu zusammenfügen. Alle nur denkbaren mathematischen Tricks kann er an ihr ausführen. Er kann aus ihr Muster und Schablonen für andere Einsen und Nullen bauen, sie neu verknüpfen und sie überhaupt jedem Zweck zuführen, der sich ebenfalls in ein Zahlenspiel verwandeln lässt.

Was lässt sich in Einsen und Nullen übersetzen? Zuallererst andere Zahlen. Für die sind Einsen und Nullen nur eine andere Schreibweise. Und was lässt sich in Zahlen übersetzen? Alles. Mengen, Größen, Gewichte, Messwerte, Preise – also alles, was abzählbar ist. Aber auch: Text. Denn er besteht aus Buchstaben, und ich kann jedem Buchstaben eine Zahl zuordnen; Wörter werden damit zu Abfolgen von Zahlen und Sätze zu Abfolgen dieser Abfolgen. Oder auch: Bilder. Denn ich kann über jedes Bild ein Raster legen und es so in vielleicht hundert mal hundert oder zehntausend mal zehntausend Punkte einteilen – und jeder dieser Punkte trägt eine Farbe, und jeder Farbe ist eine Zahl zugeordnet, sodass aus dem Bild eine Abfolge von zehntausend mal zehntausend Zahlen wird.

Oder auch: Körper. Denn ich kann sie auflösen in Seitenverhältnisse, Höhen, Längen, Winkel – und was sind diese anderes als Zahlen?

Ich kann alles in Einsen und Nullen verwandeln, was messbar, beschreibbar, kommunizierbar ist. Ich kann einen Spielfilm in Einsen und Nullen verwandeln, ein Fahrrad, eine Bevölkerungsentwicklung, die Ruinen einer antiken Stadt, den Aufstieg und Fall Roms, ein logisches Argument, meine Memoiren, physikalische Gesetze, Sprachen. Soweit sie Gegenstände sind, die wir beobachten können, lassen sich sogar «Gott» oder die «Liebe» in Einsen und Nullen verwandeln – oder doch zumindest unsere Gedanken und Gespräche über sie.

Trotzdem sind Daten zunächst einmal nur Einsen und Nullen. Sie wissen für sich natürlich nicht, was ein Fahrrad ist, was ein Text bedeutet oder was sich hinter «Gott» verbirgt. Sie sind dumm. Oder sagen wir besser: Sie sind ignorant. Sie wissen nichts, und sie fragen nichts. Dieselben Einsen und Nullen könnten für eine Bombenbau-Anleitung stehen oder für ein Katzenbild oder für die 3D-Simulation einer Großstadt. Wozu sie werden, das entscheidet die Maschine, die sie liest und verarbeitet. Das hängt ab von der Schablone, der Übersetzung, der Interpretation, die über sie gelegt wird. Für sich genommen sind sie unschuldig.

Daten als solche sind also ein eher langweiliger Gegenstand. Viel spannender ist die Frage, was mit ihnen passiert. Wofür werden sie erhoben, wem stehen sie zur Verfügung, was wird mit ihnen gemacht?

Wie auch dem Begriff des Privaten möchte ich mich diesen Fragen zuerst historisch nähern. Grob gesagt: Das Daten-Sammeln und -Verarbeiten beginnt als Herrschaftswissen, als Werkzeug der großen Mächte zum Verwalten und Normieren von Untergeordneten. Von dort demokratisiert es sich hinab bis in die Hände, die Möglichkeiten und den Einfallsreichtum jedes Einzelnen.

Die ersten Daten-Maschinen

Daten sind also Informationen in einer Form, die für Maschinen lesbar und verarbeitbar ist. In gewisser Weise ist auch eine Bürokratie eine Maschine. Sie ist ein von Menschen entworfenes und in die Welt gebautes System, das Aufgaben erledigt. Sie besteht aus einem Räderwerk von Einzelteilen, Büros, Archiven, die zusammenwirken, Eingaben verarbeiten und Ausgaben liefern.

Die Bürokratie ist die erste große Maschine zum Sammeln und Verarbeiten von Daten. Um zu verwalten, verwandelt sie ihren Gegenstand – ein Unternehmen, eine Bevölkerung, ein Krankenhaus – in Informationen, auf deren Grundlage Entscheidungen getroffen werden. Im Dienste von Effizienz und Übersichtlichkeit werden die Informationen entlang vorgefertigter Raster gesammelt: als Zahlenwerte auf einer Skala, als Auswahl in vorgegebenen Kästchen.[2]

Das macht die Informationen der gesamten bürokratischen Maschinerie lesbar, anstatt nur den einzelnen Menschen in ihr. Was durch die Bürokratie wandert, das soll nicht durch persönliche Launen einzelner Beamter bewertet werden, sondern durch das Regelwerk des Gesamtkörpers. Die bürokratischen Abläufe müssen einer großen Menge von Fällen mit den gleichen Regeln begegnen – so verlangt es die Herrschaft des Gesetzes statt der Willkür. Hierzu müssen sie jeden einzelnen Fall auf eindeutige Werte vereinfachen, auf die das Regelwerk vorbereitet ist, für die es klare Anweisungen, Vorgaben, Normen besitzt.

Mit der Größe und Vielfalt von Verwaltungsgegenstand und Regelwerk wachsen die bürokratischen Anforderungen. Mehr Faktoren müssen abgefragt, mehr muss miteinander verrechnet werden. Die Bürokratie muss mehr Daten sammeln und zueinander in Beziehung setzen. Sie muss intelligenter werden. Zur gerechten (also: gesetzestreuen, abstrakt geregelten) Verwaltung einer Bevölkerung von vielen Millionen muss sie Aktenberge anhäufen und Aktenabgleiche durchführen, die ins Schwindelerregende steigen.

Die Rechenwelt einer solchen Bürokratie übersteigt bei Weitem die Möglichkeiten eines einzelnen Kopfes. Ihre Vorgänge mögen im

Einzelnen vielleicht nicht besonders schlau aussehen. Aber in ihrer Summe stemmen sie gewaltige Anforderungen. Ein einzelner Bauer kann vielleicht noch den Überblick über sein Feld behalten. Dazu braucht er nicht unbedingt einen großen Daten- und Rechenapparat. Eine Bürokratie jedoch behält den Überblick über die Landwirtschaft eines ganzen Staates. Und das geht nur, indem sie diese Landwirtschaft in Daten verwandelt und in dieser vereinfachten Form verarbeitet.

In großen Gesellschaften mit zentraler Verwaltung beginnt so die Verdatung als Blick der Spitze auf das ihr Untergeordnete, als Einsortierung einer großen Menge und Vielfalt von Fällen in die Strenge eines bestimmten Verrechnungsrasters.

Nur hier an der Spitze finden sich auch die Mittel, eine solche Maschinerie im nötigen Maßstab zu betreiben: Archive und Ämter einzurichten und Zehntausende von Beamten zu bezahlen, die fleißig Akten prüfen und sortieren, spezielle Fälle in allgemeine Daten übersetzen, Vorgänge einleiten, weiterreichen, bearbeiten. Die Bürokratie des Staates ist der erste, der teuerste Supercomputer.

Ein typischer Vorgang ist die Volkszählung. Sie steht offenkundig im Interesse der Verwaltungsspitze und verlangt einen gewaltigen Apparat des Zählens, Sortierens, Verrechnens. Als die Vereinigten Staaten 1880 eine Volkszählung durchführten, mussten Fragebögen zu 50 Millionen Einwohnern verarbeitet werden. Das dauerte sieben Jahre. Zufrieden war das Zählbüro mit dieser Bearbeitungszeit offenbar nicht. Für den nächsten Anlauf im Jahr 1890 wurden jedenfalls das Datenformat und die Verrechnungstechnik überarbeitet: Die Fragebögen wurden nun als Lochkarten ausgewertet. Das Zählen und Sortieren ließ sich von trägen Menschenaugen und -händen auf mechanische Automaten abschieben. So dauerte das Prozedere nur noch ein Jahr.

Dieser Übergang zum Rechnen durch Maschinen war zunächst einmal kein radikaler Einschnitt. Eben noch waren «Computer» Menschen, die nach vorgegebenen Regeln mit Daten, also Zahlen hantierten: Der Begriff galt früher als Berufsbezeichnung. Jetzt waren es halt Maschinen. In einem Maß, das große Datenprojekte ermöglicht, konnten sich das eine wie das andere nur die großen Institutionen leisten. Beide dienten diesen Institutionen ohnehin nur zur Ausführung ihrer Regeln, ihrer Vorgaben, die Welt zu sortieren. Diese Aufgabe erfüllten die Maschinen immerhin ein bisschen schneller und billiger als Menschen.

Die Daten-Universal-Maschine

Im Gegensatz zum Menschen steigt die Leistungsfähigkeit der Maschine jedoch rapide an. Um den Zweiten Weltkrieg herum wurde die Macht der maschinellen Computer spürbar. Mit ihrer Hilfe ließen sich technisch-wissenschaftliche Probleme auf höchstem Niveau lösen, die ohne sie nicht bearbeitbar wären. Das beeindruckendste Beispiel ist vielleicht der Angriff auf die Verschlüsselungstechniken, mit denen die Nazis ihre Kriegskommunikation geheim hielten. In England stand ein Maschinen-Park, der unablässig rechnete, um die wechselnden Verschlüsselungscodes der Deutschen zu knacken.

In jener Zeit wurden die Grundlagen der modernen Informatik gelegt: Aus Geräten zum Berechnen von Zahlen wurden Logikapparate, um annähernd jede Aufgabe zu lösen, die sich in Mathematik ausdrücken lässt. Das war die Zeit der großen Pioniere wie Alan Turing, John von Neumann oder hierzulande Konrad Zuse. In ihren Entwürfen wurden die Computer universal und programmierbar, das heißt: Aus Maschinen, die nur ganz bestimmte Informationen als Daten aufnehmen und damit nur ganz bestimmte Dinge tun, wurden Maschinen, die sich Daten jeder Art schmecken lassen und damit je nach Wunsch allen nur denkbaren Unsinn anstellen.

Zumindest auf dem Papier ließ sich mit Computern jetzt alles anfangen, was wir auch heute mit ihnen anfangen. In der Praxis sah das anders aus. Noch in den 1950er Jahren waren Computer behäbige, begehbare Maschinenparks, jeder mit seinem eigenen Wartungsteam. Sie umzuprogrammieren hieß, konkrete Umbauarbeiten von Hand vorzunehmen. Es war ein abwegiger Gedanke, diese Ungetüme für etwas anderes als ausgewählte Großprojekte zu verwenden. Ihre Rechenkraft war teuer und durfte nicht verschwendet werden. Sie dienten eng definierten, unter strenger Aufsicht bewilligten Aufgaben, die die Gewalt von Staat und Großindustrie hinter sich wussten.

Die Speerspitze der Computer blieb groß und teuer – und damit unter strenger Kontrolle und gebunden an bestimmte Zwecke. Aber der technologische Fortschritt hielt an. Bis heute gilt ein Trend, wonach sich die für einen gegebenen Preis erhältliche Größe in Rechenleistung und Datenspeicher grob alle zwei Jahre verdoppelt.[3] Das hieß einerseits: Die Speerspitze veraltete schnell. Das hieß andererseits: Rechenkraft und Speicher wurden schnell billig, wenn man sich mit ein bisschen weniger als dem jeweils Aktuellsten zufrieden gab. Von oben tröpfelte eine immer leistungsfähigere «zweite Klasse» nach unten: zuerst in die großen Unternehmen und Labors; dann in die kleineren; und schließlich in den Markt für private Bastler. Damit einher ging ein Schrumpfen der Geräte.

Das Speichern und Verarbeiten von Daten wurde also billiger und zugänglicher. Zunehmend konnte damit auch spielerisch, verschwenderisch, experimentell umgegangen werden. Galt es bisher, einen Programmcode sorgfältig auf mögliche Fehler durchzugehen, bevor die teure Maschine mit ihm belastet werden durfte, so konnte jetzt einfach drauf los probiert werden: Wenn's nicht klappte, kostete es nicht mehrere Stunden Blockade einer Großrechenanlage, sondern einige Sekunden auf einem billigen Gerät unter vielen. Die Datenverarbeitung erforderte keine Überwachung mehr, wenn bei ihr keine großen Gelder auf dem Spiel standen.

So passierten die spannendsten Sachen weniger auf den streng kontrollierten Zugpferden, sondern beim Rumspielen auf der Resterampe. Ende der 1960er beispielsweise versuchten die Informatiker Dennis Ritchie und Ken Thompson in den Computerlaboren des amerikanischen Unternehmens AT&T, das Spiel «Space Travel» zum Laufen zu bringen – auf einer veralteten und daher gnädig vernachlässigten Maschine. Bei ihren Arbeiten an dieser Herausforderung entstanden die ersten Varianten von zwei bis heute bedeutenden Fundamenten des Computerzeitalters: das Betriebssystem Unix und die Programmiersprache C.[4]

Ritchie und Thompson stehen exemplarisch für eine ganze Kultur, die sich in den amerikanischen Computerlaboren dieser Zeit die Datentechnik kreativ aneignete: die «Hacker». Computer waren für sie nicht nur Maschinen zur Verwaltung und Rüstungsforschung, sondern Werkzeuge für Spiel, Schönheit und das Unterlaufen von Machtstrukturen. Mit großer Experimentierfreude stellten sie den Anspruch des Computers, eine Universalmaschine zu sein, auf die Probe. Sie verwandelten ihre Arbeitsplätze in kleine Freiheitsblasen der persönlichen Computerisierung und träumten davon, dass diese Technik irgendwann die ganze Gesellschaft auf den Kopf stellen würde. Sie prägten eine eigene Ethik: Informationen sollten frei sein – also frei verfügbar, frei austauschbar, ungehemmt in ihrem Fluss. Das Werkzeug des Computers wurde als neue Möglichkeit des Menschen gefeiert – und die Freiheit eingefordert, mit ihm die Welt auf jede denkbare Weise aufzuschließen.

Einer gern bemühten Legende zufolge wurde das Internet vom US-Militär erfunden, um für einen Atomkrieg gewappnet zu sein. Ganz richtig ist das nicht, enthält aber einen wahren Kern: Auch das Internet kam aus den Häusern der Herrschaft. Es entstand als Forschungsprojekt zwischen Militär und Universitäten. Zwischen diesen sollte ein robustes Netz zur Kommunikation, zur Datenübertragung entstehen. Und hier geschah das Gleiche wie beim Computer: Als fähigste Technologie erwies sich die, die sehr viel mehr konnte, als nur einem Herrschaftsplan zu dienen.

Als Schlüssel nämlich für ein System, das vielleicht sogar einen Atomkrieg überleben könnte, wurde die «Dezentralität» erkannt: Das Netz soll funktionieren, egal welchen Punkt ein Angreifer ausschaltet – also gibt es keine Mitte, keine Spitze. Jeder Knoten kann sich nach eigenem Gutdünken mit jedem anderen verbinden, ohne auf die Erlaubnis einer zentralen Autorität zu warten. Es gibt keine feste Struktur – Knoten können nach Belieben ausfallen oder hinzukommen, ohne dass es das Netz in seiner Gesamtheit stören würde. Die Robustheit des Netzes liegt darin begründet, dass es keinen König kennt, keine Grenzen zieht und jedem seiner Knoten völlige Handlungsfreiheit gewährt.

Durch diese anarchische Offenheit wuchs das Netz in den 1970er und 1980er Jahren sehr schnell, zuerst in die Universitäten und schließlich, in den 1990ern, in die Haushalte der breiten Bevölkerung. Dort warteten bereits Millionen universaler Datenmaschinen, die «PCs» («personal computer») begierig auf seine Datenströme. Damit vollendete sich der weite Weg vom Computer als Großprojekt eines Staates zum Computer als Werkzeug jedes einzelnen Bürgers.

Was einst einer kleinen Elite vorbehalten war, steht heute der Bevölkerung offen. Jeder der vielen neuen Computerbesitzer kann Daten aller Art in sein Gerät gießen und dort mit diesen Daten jeden nur denkbaren Schabernack treiben. Herein kommen die Daten aus dem wachsenden, weltweiten Datennetz – und in eben diesen Pool kann auch jeder von seinem Computer aus Daten zurückgeben.

Daten von jedem, Daten für jeden

So entsteht die Datenwelt, in der wir heute leben – und uns um unsere Privatsphäre sorgen. Alles wird hier ausprobiert. Die ganze Welt wird eingespeist in Datenform und in vielfacher Weise computerisiert umgegraben.

Wollte man beschreiben, was hier alles möglich ist, ließen sich damit ganze Bibliotheken füllen. Trotzdem lohnt sich das Herausgreifen einiger Beispiele – als erste Orientierung darüber, was für Chancen die Verdatung der Welt, der Texte, der Menschen uns allen im Internet-Zeitalter öffnet.

Das Netz ist als Sammlung von Text die größte Bibliothek der Menschheitsgeschichte. Dass sie in der Zerteilbarkeit und Verknüpfbarkeit von Einsen und Nullen vorliegt, macht aus ihr aber sehr viel mehr als eine bloße Sammlung beschriebenen Papiers. Die ersten großen Ideen des «World Wide Web» sind der Hypertext und die Suchmaschine.

Der Hypertext ist ein Text ohne Anfang und Ende. An jeder Stelle kann er über «Links» auf andere (Hyper-)Texte weiterverweisen – zugänglich über nur einen Klick. Statt von vorne bis hinten, bewegt der Leser des Hypertextes sich durch ein Netzwerk von Textteilen, von denen keiner eine feste Position im Lesefluss beanspruchen kann. Text wird zur Datenmenge ohne vorgegebene Struktur – aber mit unendlich vielen Kombinationsmöglichkeiten.

Eine Suchmaschine wie Google sortiert für ihre Benutzer diese Datenmenge – Milliarden von Texten – in Sekundenschnelle um zur Antwort auf eine Frage oder entlang des Erscheinens eines Satzes oder Namens. Doch Google bietet nicht nur die Volltextsuche durch Websites an, sondern auch durch inzwischen mehr als 15 Millionen Bücher, die aus den Bibliotheken der Welt eingescannt, also verdatet wurden. So kann ich Google beispielsweise fragen, wann im historischen Vergleich welches Wort in der Weltliteratur wie häufig vorkommt – und Google organisiert mir die Datenmenge aller Büchertexte spontan zu einem Diagramm.[5]

Mit ähnlicher Zauberkraft wie bei Texten kann ich mir auch alle anderen Ausdrucksformen unterwerfen, die verdatet sind: mit Motiv- und Gesichtererkennung die Gesamtheit aller Bilder, mit Melodienerkennung alle Musik, mit Spracherkennung die Dialoge von Radio- und Tonfilmaufnahmen.

Inzwischen greift das Netz der Daten nicht mehr nur über klobige Heim-PCs in die Welt, sondern auch über unsere Mobiltelefone. Die verdaten nicht bloß die Außenwelt ins Netz, sondern tapezieren auch die Außenwelt mit Daten aus dem Netz: «Augmented Reality», «gesteigerte Wirklichkeit», ist der Oberbegriff für eine Vielzahl von Programmen, mit denen das Handy zum Zauberstab wird, der die Umwelt als Datensatz redselig macht. Kann ich über die Kamera des Handys durch seinen Bildschirm schauen wie durch eine Glasscheibe, dann ergänzt «Augmented Reality» diesen Blick mit zusätzlichen Informationen aus dem Netz: Über Denkmälern und Personen tauchen Namen auf, über Inschriften Übersetzungen, in jeder Richtung die Gesichter früherer Besucher eines Ortes mitsamt deren Kommentaren, gleichfalls zu jedem Ort Links auf passende Wikipedia-Artikel.

Seiten wie CureTogether.com und PatientsLikeMe.com zeigen eine interessante Möglichkeit, Daten im Netz sozial zu nutzen. Dort werden persönliche Statistiken zum Gesundheitszustand geteilt. Kranke verdaten hier ihre Leiden, Diagnosen, Symptome, Therapien, Heilungsverläufe, Medikamentengebräuche. Eine gemeinsame Statistik entsteht, was im komplexen Feld der Biologie und Medizin wie zusammenwirkt – welche Krankheiten sich unter dem Einfluss welcher Faktoren wie entwickeln, unter welchen Umständen ein Medikament gut oder schlecht wirkt, welche Therapie wann anschlägt oder nicht. Selbstverständlich ist bei diesem Wissen Vorsicht geboten – gegenüber Fehlinterpretationen und Manipulationsversuchen durch Pharma-Unternehmen. Andererseits blitzt hier ein bemerkenswerter Gegenentwurf zur Expertokratie der Ärzteschaft auf. Wenn jedermann Daten sammeln und auswerten kann, stellt das traditionelle Deutungshoheiten in Frage.

Diese Idee steht auch hinter dem Schlagwort «Open Data», das vielerorts im Netz fällt: «Öffnet die Datenarchive!» In einer demokratischen Welt sollte möglichst viel vom Wissen der Regierungen, der Universitäten, der großen Institutionen frei verfügbar, frei interpretierbar vorliegen. Am Besten in maschinenlesbarer Form, zugänglich übers Netz, direkt verwertbar in Programmen zum Visualisieren, Deuten, Verknüpfen von Daten. In einer Demokratie gehören die Daten des Staates dem Volk, nicht einem König. Gefragt sind ungeschönte, ungebeugte Rohdaten – Daten, die noch nicht zurechtgestutzt sind auf eine bestimmte, vielleicht offiziell erwünschte Lesart. Jeder Bürger sollte sich aus den Daten, deren Erzeugung mit seinen Steuern bezahlt wurde, sein eigenes Bild machen können – egal, wie richtig oder falsch er damit liegt.

Ein edles Angebot nicht nur von Staaten, sondern auch von Internetdiensten allgemein ist die Abfragbarkeit von Rohdaten über eine «API»:[6] eine Ausgabestation für reine Daten, also zum Beispiel die reinen Zahlen, bevor sie in eine fertige Anzeige verwandelt werden, etwa eine Grafik oder eine Website. Die reinen Daten lassen sich nämlich sehr viel leichter in ungeplanter Weise weiterverarbeiten (zum Beispiel: in ein Tortendiagramm übersetzen), wenn sie aus einer fertigen Anzeige nicht erst in die Ursprungszahlen zurückverwandelt werden müssen. Wer seine Rohdaten über API anbietet, schenkt sie bereitwillig der Kreativität anderer. So ist zum Beispiel Twitter groß geworden: indem es die Kurznachrichten seiner Nutzer und die darum kreisenden Zusatzdaten an viele andere freigab, die um diese Daten neue Spielereien strickten. Ein eigenes Ökosystem aus Websites und Software entstand so auf Grundlage von Twitter – und lockte sehr viel mehr Leute in den Dienst hinein, als das Unternehmen mit seiner spärlichen eigenen Website erreicht hätte.

Statt nach einer bestimmten, autoritären Blickrichtung wie zu Anfang, öffnet sich die Datenwelt heute einer unendlichen Vielfalt und Kombinatorik von Blickrichtungen. Je breiter verteilt und weniger an einen bestimmten Zweck gebunden sie vorliegen, desto mehr Deutungen, Zugänge zur Welt, Hebel lassen sich aus den Daten bauen. Durch die Entfesslung der Daten wird das Netz zu einem großen Spielplatz, in dem wir die Welt immer wieder neu erfinden.

Daten für das Selbst

Nun kennen wir einige der Möglichkeiten, mit denen der Datenraum den Einzelnen ausstattet. Er gewährt ihm ein neues Wissen über die Welt und die Menschen. Er schenkt ihm neue Arten des Sehens, des Erforschens und Kombinierens. All das erklärt, wie der Einzelne unmittelbar von der Verdatung der restlichen Welt profitiert. Aber wie profitiert er von seiner eigenen Verwandlung in Daten?

Wer ein Notizbuch führt, ein Fotoalbum pflegt, Souvenirs sammelt, der erweitert sein physisches Gedächtnis um Außenstellen mit ihren eigenen Vorteilen: mehr Platz, mehr Haltbarkeit, andere und vielleicht bessere Möglichkeiten des Sortierens und Abrufens von Erinnerung.

Der digitale Datenträger – Festplatte, CD-ROM, USB-Stick – steigert diese Möglichkeiten noch um einige Größenordnungen. Hier passt jede Erinnerungsform hinein, die sich in Einsen und Nullen auflösen lässt – und wie ich oben angedeutet habe, lässt sich so ziemlich alles dergestalt auflösen. Hier ist tendenziell unendlich viel Platz – ich muss ganz schön viele Fotos sammeln, um eine 500-Gigabyte-Platte voll zu bekommen, und schon in zwei Jahren kostet mich eine zweite nur noch halb so viel. Vor allem aber lässt sich hier jede denkbare Form des Sortierens und Abrufens ausprobieren: ein Sortieren nach Größe, Eingabedatum, Dateiformat, ein Auflisten nach enthaltenen Zeichenfolgen, ein Verschlagworten, ein Miteinander-Verknüpfen, ein Ordnen in Verzeichnisbäumen oder anderen Metaphern. Ich kann mir meine Daten als Block von

Einsen und Nullen ausgeben lassen oder als Farbenflimmern – oder vorgelesen über meinen Lautsprecher. Wenn ich will, kann ich sie mir vom Computer sogar in Form eines Notizbuchs oder Fotoalbums auf den Bildschirm zaubern oder ausdrucken lassen. Im digitalen Datenträger sind alle anderen Formen einer Veräußerlichung von Gedächtnis als Möglichkeit mit angelegt.

Auf die Festplatte ausgelagerte Erinnerungen nehmen praktisch keinen Platz weg. Sie fallen auch nicht auf die Nerven. Sie kommen auf den Schirm, wenn ich sie dort haben will, wenn ich sie suche oder aufrufe. Erinnerungen im Kopf kommen und gehen, wie es ihnen beliebt. Dort drängt sich auf, was ich vergessen wollte; dort entzieht sich, was ich konzentriert nachgrübelnd suche. Die Erinnerungen auf der Festplatte dagegen kann ich zur Unterwürfigkeit erziehen. Sie sollen kommen, wenn ich nach ihnen klingele, und fernbleiben, wenn ich nicht nach ihnen verlange.

Das ist zum Teil die Idee hinter Lebensführungssystemen wie «Getting Things Done»:[7] Sorgen, Aufgaben, Termine quälen mich, stressen mich, machen mich handlungsunfähig, solange ich sie in meinem Kopf halte. Also raus mit ihnen ins äußere Gedächtnis: in Aufgabenlisten, Projektordner, Terminkalender. Raus mit ihnen in eine Software, die zu jedem Zeitpunkt meine Aufmerksamkeit nur mit dem belastet, was zu diesem Zeitpunkt tatsächlich ansteht, erledigt werden muss.

Wer sein Gedächtnis in digitale Daten auslagert – das heißt: in dieses schwerelose Medium, das nichts kostet und keinen Platz wegnimmt –, der befreit sich nach dieser Vorstellung von Ballast. Der muss weniger Aktenordner vorrätig halten, weniger Regale, weniger Lagerräume. Ein fingerkuppengroßer Datenträger, ein USB-Stick genügt. Zugleich befreit er seinen Kopf: Er muss sich nicht mehr alles darin merken, kann unbeschwerter durchs Leben gehen. Was ihm entgegenkommt, wandert direkt ins äußere Gedächtnis.

«Lifelogger» wie der Medienkünstler Steve Mann[8] treiben das Prinzip des digitalen Gedächtnisses auf die Spitze. Sie tragen eine Kamera auf dem Kopf und nehmen vorsorglich einfach alles auf, was sich vor ihren Augen abspielt. Sollte sich nachträglich etwas als merkenswert erweisen, brauchen sie nur zurückspulen und nachschauen.

So verfährt auch der amerikanische Computerpionier Gordon Bell (geb. 1934). Als Testperson für Microsofts Forschungsprojekt «MyLifeBits» zeichnet er alles digital auf, was ihm ins Sicht- und Hörfeld gerät – vom besuchten Jazz-Konzert über vertrauliche Firmenakten bis zu persönlichen Gesprächen. Dieser Berg an Daten dient den Entwicklern von Microsoft als Experimentierfeld, um die Fähigkeiten natürlichen Erinnerns in Software nachzubauen und zu erweitern: um Sortiermethoden und Suchalgorithmen, die dem Träger eines digitalen Gedächtnisses möglichst schnell passende und inspirierende Antworten auf seine Erinnerungswünsche liefern.[9]

In solchen Projekten wird der Traum oder Alptraum eines totalen Gedächtnisses spürbar. Aber wie schon erwähnt: Ich muss mich ja nicht erinnern. Ich kann die Daten auch auf dem Datenträger liegen lassen, ohne sie abzurufen. Sollten sie je wichtig werden, sind sie da. Sollten sie nie wichtig werden, stören sie nicht.

Aber liegt nicht gerade in der Unvollständigkeit, der Fehlerhaftigkeit und der Aufmüpfigkeit des Gedächtnisses eine seiner Kräfte? Speist sich nicht auch daraus die Kreativität unseres Denkens? Vielleicht. Aber nichts hindert uns daran, Unvollständigkeit, Fehlerhaftigkeit und Aufmüpfigkeit in die Software zu gießen, die unser digitales Gedächtnis für uns verwaltet, uns zugänglich macht. Daten sind geduldig und lassen alles mit sich machen. Und sei es, nach Zufallsprinzip angezeigt, verfälscht, durcheinandergewürfelt zu werden.

Persönliche Verdatung dient aber nicht nur der Erweiterung des Gedächtnisses. Sie kann auch das Bild und Bewusstsein vom Selbst, die Wahrnehmung und das Nachdenken über die eigene Lebensweise verändern.

«The Quantified Self»,[10] also: «das quantifzierte/gemessene Selbst» heißt eine Bewegung von Netz-Aktiven, die versuchen, alles zu messen, was in ihrem Leben messbar sein könnte: von der Tastatur-Tipp-Frequenz bis zum Koffeinverbrauch, von gelaufenen Kilometern bis zur Anzahl gelesener Buchseiten. All das protokollieren sie – und versuchen, über diese Datenprotokolle einen erweiterten Blick auf Bedingungen und Führung ihres Lebens zu gewinnen.

Die menschliche Wahrnehmung kann von Natur aus vieles gut, vieles aber auch nicht so gut. Auf manches springen wir übersensibel an, anderes blenden wir etwas zu eilig aus. Unsere angeborene Aufmerksamkeitsverteilung hat sich über Millionen von Jahren angepasst an ein Leben zwischen Höhlen und Säbelzahntigern – vergleichsweise wenig Zeit haben wir im 21. Jahrhundert zugebracht. Gern glauben wir uns aufmerksam und rational. Aber wir handeln oft nicht getrieben von sorgfältigem Nachdenken und klarem Durchblick, sondern mit blinden Flecken und Urmensch-Instinkten. In der Folge übersehen wir gelegentlich, was für unsere Ziele wichtig sein könnte, und machen uns stattdessen große Sorgen über Unwichtiges.

Einer solchen Beschränktheit der Wahrnehmung tritt das «quantified self» durch Verdatung und Datenauswertung des Lebens entgegen. Ich mag mir einreden, dass ich genug schlafe, aber wenn ich mir die nackten Zahlen im Protokoll anschaue, sehe ich: Verdammt, ich schlafe zu wenig. Ich mag den Eindruck haben, dass Koffein mir beim Arbeiten hilft, aber wenn ich meinen Koffeinkonsum und meine Produktivität statistisch abgleiche, dann sehe ich: Koffein hilft mir gar nichts, ist reine Geldverschwendung.[11]

Die Selbst-Verdatung erlaubt mir, mich von außen zu sehen. Eine Wahrnehmung blickt auf mich aus der Enge meines Kopfes, eine andere aus der Weite des Datenraums. Ich kann zwischen beiden wechseln, sie miteinander ergänzen. Statt über die oft trüben Brillen aus dem Vorrat meines Kopfes kann ich mich auch über die frisch geputzten Mikroskope und Ferngläser aus der Datenwelt betrachten und verstehen. Mich von Außen zu betrachten heißt nicht, meine Interessen zu vergessen: Aus der Ferne kann ich vielleicht besser erkennen als aus der Nähe, was mein Wohlbefinden beeinflusst.

Selbst-Verdatung öffnet das eigene Leben einer breiten Auswahl von Werkzeugen der Deutung und Erkenntnis, die in der Datenwelt frei entwickelt und ausgetauscht werden. Sie ermöglicht, die Datenintelligenzen des Netzes direkt ans eigene Leben anzuschließen, ihm dienstbar zu machen.

Petabytes statt Theorie

2008 rief Chris Anderson, Chefredakteur der amerikanischen Zeitschrift *Wired*, «das Ende der Theorie» aus. Und zwar nicht irgendeiner Theorie. Nein, das Ende von Theorien überhaupt. Seine These lautete grob umschrieben: Wir schwimmen heute in einem unendlichen Meer von Daten. Wenn wir etwas wissen wollen, brauchen wir nur mit unseren Computern hineinzugreifen. Theorien sind zur Beantwortung unserer Fragen nicht mehr nötig.[12]

Andersons Aufsatz erntete viel Widerspruch und Häme: Er habe offenbar keine Ahnung davon, wie Wissenschaft funktioniere. Und tatsächlich steht seiner Wortgewalt ein eher wackeliges Argument zur Seite. Trotzdem liegt darin ein wahrer Gedanke: Das maschinelle Umgraben von Daten liefert oft zutreffende Vorhersagen, deren Logik wir kaum noch nachvollziehen können – erinnern wir uns an die Beispiele aus dem 1. Kapitel. Unser Verstehen der Welt wird in gewisser Weise übertölpelt durch das, was Datenmaschinen in ihr erkennen. Woran liegt das?

Zwischen Maschinen und Daten wächst eine eigentümliche Intelligenz. Sie ist vielleicht nicht so hart abgeschnitten vom menschlichen Theoretisieren, wie das bei Anderson klingt. Aber um diese Eigentümlichkeit zu verstehen, lohnt sich trotzdem ein Versuch, sein Argument vom «Ende der Theorie» nachzuvollziehen.

Es gibt verschiedene Möglichkeiten, den Begriff «Theorie» zu bestimmen. Andersons Argument funktioniert am Besten, wenn wir mit «Theorie» eine bestimmte Art bezeichnen, die Welt zu beschreiben: als verständliche Erzählung von Ursache und Wirkung, von allgemeinen Regeln, von klarem Wer, Was und Warum.

Theorien sind Werkzeuge. Dinge passieren, gut oder schlecht, und wir wüssten gerne, wann sie das nächste Mal wieder passieren, wie sie sich herbeiführen oder vermeiden lassen. Zum Beispiel: ein Unwetter, eine Krankheit, eine Schwangerschaft. Theorien sollen die Gründe und allgemeinen Regeln hinter diesen Sachverhalten klären – damit wir sie vorhersagen, fördern oder verhindern, Verursacher dingfest machen, Folgen abschätzen können.

Anstelle von Theorien könnten wir auch Orakel befragen. Die geben uns ebenfalls Ratschläge, wie wir Probleme angehen sollen, womit wir rechnen müssen, wie wir unsere Vorhaben am Besten umsetzen. Aber Orakel verraten uns kein Warum (außer vielleicht: «die Götter wollen es so»). Sie machen uns keine Regeln hinter den Vorgängen begreiflich.

Nun haben wir lange Zeit mit Theorien als Ratgeber viel bessere Erfahrungen gemacht als mit Orakeln. Orakelsprüche sind oft so vage, dass sie gar nicht falsch sein können. Theorien dagegen beweisen sich an der Genauigkeit ihrer Vorhersagen. Liegen sie falsch, gestehen sie ihr Scheitern demütig ein. Dann räumen sie das Feld zugunsten einer besseren Theorie. Orakel sind geheimniskrämerisch: Ihren persönlichen Draht zu den Göttern bewachen sie eifersüchtig. Theorien dagegen legen ihre Innereien für jeden offen, der sie studieren will. Jeder kann sie auf Fehler prüfen und verbessern. All das trägt zum Erfolg der Theorien bei.

Wesentlich ist Theorien aber auch, dass sie uns die Welt verständlich machen. Theorien sind Versuche, die rätselhaften Mechanismen der Natur in eine Sprache zu übersetzen, die unser Geist, unsere Psychologie lesen kann: in Geschichten von Warum und Deshalb, von Wichtig und Unwichtig, von klaren Gegenständen und Gesetzen. Guten Theorien gelingt es, die Unübersichtlichkeit der Welt aufzulösen in einfache, für uns nachvollziehbare Formeln.

Aber es gibt keine Garantie, dass sich für alles um uns herum derart verständliche Theorien finden lassen. Warum sollte sich jeder Zusammenhang in der Welt höflich in den Begriffsapparat unseres Verstandes einpassen?

Unser Verstand hat sich als Werkzeug zum Umgang mit der Natur entwickelt. Aber eben einer ganz bestimmten Nische in der Natur: das Affenleben in der afrikanischen Savanne. Die Nische, in die wir hineinwachsen, bestimmt die Formen und Metaphern, in denen uns das Denken leicht fällt. Was sich allzu weit davon entfernt – zum Beispiel Schwarze Löcher oder das Zusammenspiel von Millionen Einzelheiten in einem hochkomplexen System –, das überfordert rasch unser Vorstellungsvermögen.

Aber gerade in solchen Ecken treibt sich Wissenschaft heute herum. Für Anderson ist das der Zeitpunkt, an dem unsere Theorien beginnen, stumpf zu werden: An den Komplexitäten, die uns interessieren, beißt sich das Denken in uns verständlichen Erzählungen die Zähne aus.

Wir entdecken: Die Theorien, die die Welt unserem Verstand nachvollziehbar machen, sind zu einfach. Wenn wir genauer hinschauen, etwa in der Biologie und Soziologie, erkennen wir: Bei den Fragen, die uns interessieren, spielen viel mehr Faktoren eine Rolle, als wir bisher glaubten. So viele Faktoren gar, dass wir sie nicht ohne bedeutende Verluste auf einfache Formeln, Begriffe, Regeln, Ursache-Wirkungs-Zusammenhänge reduzieren können.

Doch das heißt nicht, dass wir vor diesen Komplexitäten kapitulieren müssen. Wir können ihnen durchaus noch Antworten auf unsere Fragen entlocken. Nur spielt für Anderson das Aufstellen und Testen von Theorien hierbei eine sehr viel geringere Rolle als das Anhäufen gewaltiger Datenmengen – in einer Größenordnung von «Petabytes». (Ein Petabyte entspricht 1 000 000 000 000 000 Bytes. Zum Vergleich: Das ist die Speichermenge von ungefähr 100 000 handelsüblichen Video-DVDs.)

In unserem Kopf können wir solche Datenmengen nicht jonglieren. Darum lassen wir unsere Computer auf sie los. Unsere Computer mit ihrer rohen Kraft, gewaltige Mengen an Daten zu verarbeiten, zu vergleichen, auseinander zu nehmen und neu zusammenzusetzen – bis ein interessantes Muster herauskommt. Zum Beispiel, dass einer bestimmten Krankheit sehr oft bestimmte Auffälligkeiten vorausgehen. Wenn uns die Maschine eine solche Antwort gibt, können wir uns an Theorien darüber versuchen: Warum ist das so? Aber vielleicht ist der Zusammenhang zu komplex, um zu einer für uns nachvollziehbaren Antwort zu gelangen.

Für Anderson kein Problem. Suchen wir nach den Auffälligkeiten, die die Maschine vorhersagt, entdecken wir die Krankheit in vielen Fällen früher und können sie so besser therapieren. Den Zusammenhang zwischen Auffälligkeiten und Krankheit zu *verstehen* würde sicher nicht schaden. Aber solange die Maschine uns Tipps liefert, die die Krankheit eindämmen helfen, ist der Großteil der Denkarbeit schon getan – die theoretische Erklärung kann warten. Wir sind wieder zurück beim Orakel – nur liefert es jetzt viel bessere Ergebnisse.

Als ein Beispiel führt Anderson an, wie Google Texte von einer Sprache in die andere übersetzt. Das passiert ohne Einprogrammierung von Wörterbüchern und Grammatik-Regeln: ohne Theorien der jeweiligen Sprachen. Die Übersetzungsintelligenz besteht stattdessen aus Statistik über Massen von Daten: Soll ein französischer Text ins Deutsche übersetzt werden, durchwühlt Google Millionen schon gegebener Übersetzungen anderer Texte zwischen Deutsch und Französisch – und stückelt sich aus einem Vergleich all dieser Übersetzungen für jeden Satz das beste deutsche Ebenbild. Hierfür müssen Googles Maschinen weder Deutsch verstehen noch Französisch. Sie müssen nur mit einer Gewalt und Ausdauer Datenmengen umgraben und verrechnen, die menschliches Können weit übersteigt.

Die Datenmaschine sucht nicht Ursachen, sondern Häufigkeiten und Muster: dass bestimmte Werte immer wieder gleichzeitig auftreten, dass der einen Sache sehr oft die andere folgt, dass bestimmte Phänomene zwar häufig sind, aber nur selten in Nähe zueinander auftreten. Die Maschine merkt sich solche Muster und sucht für sie in neuen Situationen nach Anknüpfungspunkten. So gelangt sie zu ihren Vorhersagen.

Diese Form des Denkens nennt sich «Korrelation». Die korrelierende Maschine hat keine Theorie von einem Warum und behauptet keine festen Regeln. Trotzdem spuckt sie oft treffende Ergebnisse aus.

Auf den ersten Blick wirkt Korrelation etwas dümmlich – verglichen mit der noblen Suche nach Gründen, nach höheren Gesetzen, der sich der menschliche Geist widmet. Dagegen klopft der Computer gedankenlos an der Oberfläche von Daten herum. Während wir abstrahieren und philosophieren, mahlt er Zahlen zu anderen Zahlen.

Korrelation kann tatsächlich ein sehr stumpfes Werkzeug sein. Vor allem, je enger die Datenmenge geschnürt ist. Dann kann es gut sein, dass Faktoren, die für eine Frage wesentlich sind, außerhalb dieser Datenmenge liegen. Je umfassender dagegen die Datenmenge ist, desto intelligenter wird die Korrelation.

Darin unterscheidet sie sich von unserem Menschenverstand. Der erstarrt vor Übermassen an Informationen. Er muss sie reduzieren auf eine Größe, die er verarbeiten kann. Er muss mutmaßen, was wichtig ist, und den Rest wegwerfen. Theorien sind dafür ein gutes Mittel. Durch Behauptung allgemeiner Regeln und Begriffe legen sie Schablonen über die Unübersichtlichkeit, die auf uns einprasselt. Theorien stutzen die Informationsmasse auf die wenigen Faktoren zurecht, nach denen sie fragen. Eine Aufgabe der Theorie ist, die Komplexität der Welt auf das zu beschneiden, was in unseren Kopf passt.

Dieser Unterschied im Umgang mit Unübersichtlichkeit und Informationsmasse ist die Stärke der Datenkorrelation gegenüber unserem Gehirn. Die Datenkorrelation muss nichts aus Platzgründen wegwerfen. Ihre Kraft wächst mit den Kräften der Maschinen: ihrer Rechengeschwindigkeit, ihrer Speichergröße und der Vielfalt an Korrelationsprogrammen. In all diesen Bereichen geht es seit Jahrzehnten steil nach oben. Unser Schädel dagegen bleibt gleich groß.

Die Theorie glaubt zu wissen, wo auf der Schatzinsel das Gold vergraben sei. Dort bohrt sie sich zielstrebig in die Tiefe. Datenkorrelation dagegen trägt planlos, aber geduldig die gesamte Insel ab, Schicht für Schicht. Die Theorie findet genau das, was sie sucht – oder liegt falsch. Dann muss sie an einem anderen Punkt neu anfangen. Ob die Datenkorrelation schneller zum Ziel gelangt, hängt davon ab, wie umfassend sie die Insel abträgt und mit welcher Geschwindigkeit – also von Datenmenge und Rechenkraft. Aber im Abtragen der gesamten Insel findet sie vielleicht auch außerplanmäßig Schätze, für die sich die Theorie gar nicht interessiert hat.

Die Korrelation trifft Vorhersagen, aber sie ist auch ergebnisoffen. Ändern sich die Daten, ändert sich genauso die Korrelation. Sie öffnet unseren Blick also für Neues, anstatt ihn auf Erwartetes zu verengen. Die Theorie ist vergleichsweise behäbig: An Beobachtungen, die nicht in ihre Vorhersagen passen, wächst sie nicht einfach; sie muss neu formuliert werden. Das kostet Zeit und Denkaufwand; vielleicht ist es sogar aussichtslos. Daraus folgt Widerwille. Als Versprechen, die Welt zu erklären, ist uns manche Theorie zu lieb, um sie gegen Ungewissheit einzutauschen. Statt ihrer verwerfen wir lieber die störende Beobachtung.

Die «korrelative Analytik»[13] immer stärkerer Datenmaschinen gibt uns eine neue Intelligenz gegenüber der Welt in die Hand. Den

Komplexitäten dieser Welt ist sie in mancher Hinsicht besser gewachsen als ein Denken in Erzählungen, in Ursachen, in klaren Begriffen. Sie erlaubt einen Blick aufs Komplexe, der nichts wegen Unpässlichkeit wegwerfen muss.

Aber diese neue Intelligenz braucht Treibstoff. Dieser Treibstoff liegt nicht nur in der Rechenstärke und Speichermenge. Er liegt im ausufernden Verdaten von allem, was verdatet werden kann. Gerade im Einbezug von vermeintlich unwichtigen Daten liegt die Fähigkeit der Korrelation, Unerwartetes zu entdecken. Damit die «korrelative Analytik» möglichst viele Faktoren erfassen kann, sollten wir sie einfach mit allem füttern, was uns vor die Nase kommt.

Kirche der Re-Simulation

In Charles Stross' Science-Fiction-Roman *Accelerando*[14] währt der Tod nicht mehr für immer. Persönlichkeiten früherer Zeiten werden «resimuliert». Das heißt: Sie werden aus Datenmengen über ihr Leben und Verhalten, ihren Charakter und ihr Umfeld mehr oder weniger gut nachgebildet. Aus diesen Datenmengen korrelieren fortgeschrittene Computerintelligenzen ein Bewusstsein und persönliche Erinnerungen und laden sie hoch in einen frischen Körper. Auf die brillanten Geister der Vergangenheit will die Zukunft nämlich nicht verzichten.

Das klingt abgehoben, ist aber zumindest in seinen Ansätzen nicht ganz aus der Luft gegriffen. Ein «Resimulieren» Verstorbener betreiben wir in der einen oder anderen Form schon seit Jahrtausenden: Wir studieren Autoren der Vergangenheit und führen in unseren Köpfen Gespräche mit ihnen. Wir lassen Helden zurückliegender Jahrhunderte in Biografien wieder auferstehen und durch Schauspieler auf Bühne und Leinwand verkörpern. Wir erwählen uns aus ihnen Vorbilder und versuchen, ein wenig von ihrem Charakter auch für uns zu übernehmen.

Quelle dieser Resimulationen sind Überbleibsel aus der Vergangenheit: Wir sezieren Mumien und entdecken die Krankheiten, die sie im Leben plagten. Wir entziffern alte Pergamente und Inschriften nach Hinweisen auf die Taten von Königen. Wir suchen in widersprüchlichen Legenden über halb-mythische Gestalten einen verlässlichen Kern. Wir recherchieren in staubigen Akten nach Zeugnissen von Geburt oder Tod unserer Zielpersonen. Wir grübeln, ob ein Text diesem oder jenem antiken Autor zuzuschreiben oder eine Fälschung aus der Renaissance ist.

Je weiter wir zurückgehen, desto brüchiger ist dieses Wissen über die Menschen der Vergangenheit, desto spärlicher und schwerer nachzuprüfen. Vor allem schrumpft es, je weiter wir zurückschauen, auf die Beschreibung weniger zusammen: Könige, Heilige und die meistzitierten Philosophen. Der Bauer hat keinen Hofschreiber, der seine Heldentaten feiert.

Mit dem frühen Zeitalter der Verdatung ändert sich das. Im 19. Jahrhundert werden gerade auch über die Niederen und Verachteten Unmengen an Akten angelegt, die Jahr für Jahr anwachsen. Diese Akten entstehen zur Überwachung und Kontrolle der Massen. Aber sie sichern den Massen auch ein Überleben als Wissen, das umfassender und viel genauer beobachtet ist als das Wissen über die Großen der Antike. Es wird nicht nur behauptet und erfunden, sondern beschrieben und abgetastet. Das Wissen ist kein propagandistisches: Es wird nicht angelegt, um es zu verkünden. Es wird angelegt, um auszuforschen.

Je kälter und maschineller diese Ausforschung geschieht, je freier vom Eingreifen erfinderischer Erzählfreude, desto eher erzeugt sie «Daten» mit einer Anschlussfähigkeit jenseits der sie leitenden Ideen. Die Akten reduzieren die Einzelnen vielleicht auf herzlose Zahlen – aber diese Herzlosigkeit erlaubt auch, die Zahlen losgelöst von ihrem Erhebungszweck zu lesen und zu gebrauchen: als eine Datenabtastung von Wirklichkeit.

Einst mochten diese Daten dem Kampf gegen die Besonderheiten des Einzelnen dienen. Die psychologischen und biografischen Akten Überwachter sollten das sichtbar machen, was von der Norm der Zeit abwich, was als Problem erkannt und bekämpft werden musste. In einer Zukunft der «Resimulationen» dagegen könnte gerade dieses Unerwünschte, Auszumerzende die Individualität ausmachen, anhand derer die Verdateten rekonstruiert werden. Einen gut dokumentierten Eingesperrten des späten 19. Jahrhunderts könnte die Zukunft aus *Accelerando* vermutlich sehr viel genauer nachbauen als einen Pharao, der nur in Propaganda und Mythen ferner Jahrtausende überliefert ist.

Ausufernde Verdatung macht die Vergangenheit der Gegenwart zugänglich – schon heute. So können wir in Google Earth nicht nur via Street View durchs Rom der Gegenwart spazieren, sondern auch durchs Rom des 4. Jahrhunderts – nachgebaut in zum Teil sehr detaillierten 3D-Modellen, die unser historisches und architektonisches Wissen über die Stadt abbilden.[15] Noch genauer wissen wir, wo die Berliner Mauer stand oder das World Trade Center und wie sie aussahen: Das erlaubt «Augmented Reality»-Anwendungen, sie für den Blick Interessierter an ihren Originalschauplätzen zu re-simulieren, als stünden sie noch da.[16]

Um wie viel genauer, wie viel erlebbarer als das Rom des 4. Jahrhunderts werden die Straßenzüge unserer Gegenwart für unsere Ur-Ur-Ur-Enkel sein, wenn die Datenbestände von Google Earth und Google Street View erhalten und zugänglich bleiben – oder sogar noch ausgebaut werden? Wer die Fernsehserie *Raumschiff Enterprise: Das nächste Jahrhundert* kennt, der kann sich nun vorstellen, mit welchen Daten die darin vorgestellten «Holodecks» gefüttert werden – jene Räume, in denen sich vergangene Jahrhunderte durchwandern lassen, in Form computergenerierter holographischer Nachbildungen.

Wie wollen wir solchen Zukünften unsere Gegenwart überlassen? Zusammengekürzt auf das, was wir nach unseren heutigen Maßstäben für wichtig und richtig halten? Bereinigt um alles, was nicht in unsere heutige Moral passt? Oder ergebnisoffen – lesbar und wiederbelebbar auf Weisen, die wir uns noch gar nicht vorstellen können? Diese Entscheidung ist eine zwischen der strengen Kontrolle und Einengung unserer Datenspeicherungen einerseits und andererseits der möglichst totalen Erfassung von allem, was erreichbar ist; zwischen dem Zurechtschneiden unserer Datenmengen entlang unserer Theorien des Wichtigen und Zulässigen einerseits und der Vorratshaltung von ungekürzten, ungefilterten Rohdaten andererseits.

Als der Engländer Samuel Pepys im 17. Jahrhundert ausgiebig Tagebuch führte, hat er sicher nicht erwartet, damit heute zu einem populären Twitterer aufzusteigen. Über Zitate aus seinem Tagebuch klagt ein Twitter-Profil mit seinem Namen[17] gegenüber Fans des 21. Jahrhunderts von seinen Eheproblemen. Zwischen dieser Spielerei und Resimulationen auf dem Niveau von *Accelerando* liegt freilich einiger Abstand: Niemand unterstellt diesem Profil ein eigenes Bewusstsein. Es sind zurechtgestutzte Ausschnitte aus einem toten Text. Aber auch aus totem Text lässt sich durch Datenkorrelation Lebendigkeit zaubern.

«ChatBots» oder «ChatterBots» sind Computerprogramme, mit denen sich einfache Gespräche führen lassen. Sie beherrschen Höflichkeitsfloskeln, stellen Fragen und geben Antworten. Sie können als Medium des Wissensaustauschs dienen – zwischen der Datenbank hinter dem ChatBot und dem Menschen vor ihm. Einige Firmen nutzen sie als erste Schwelle im Kundenservice – als vollautomatisiertes Call-Center.[18] Es hilft, wenn sie dabei menschlich wirken, also etwas Charakter simulieren. Der lässt sich ihnen durchaus einprogrammieren – und auch am Textkörper historischer Personen schulen. So etwa mehr oder weniger scherzhaft geschehen mit George Bush[19] und John Lennon.[20]

Auch das lässt sich wohl eher unter «Spielerei» abheften als unter «Wiedererweckung einer Person». Aber in einigen Fällen können solche Spielereien persönlichen Umgang sehr wohl ersetzen. Zum Beispiel, wenn eine Kommunikation mit der jeweiligen Person für einen bestimmten Zweck vorgetäuscht werden soll. So könnte ich einem gekaperten Netzprofil automatisiert Äußerungen unterschieben, die typisch für denjenigen klingen, dessen Konto ich gehackt habe: Ein Dienst wie «That can be my next tweet»[21] («Das könnte meine nächste Twitter-Nachricht sein») hilft dabei, aus der Analyse vorhergehender Äußerungen neue zu erzeugen, mit ähnlichen Formulierungen und dem gleichen Pool aus Begriffen und Eigennamen. Ein makaberer Spaß wäre es, die Profile Toter auf diese Weise wiederzubeleben. Außerdem kann ich mich gegenüber Menschen, die mir lästig sind, im Chat von einem mich simulierenden ChatBot vertreten lassen – wenn ich Glück habe, merken die Konversationspartner es nicht und ich behalte meine Ruhe vor ihnen.

All diese Beispiele sind vielleicht noch nicht sehr beeindruckend. Aber nehmen wir den Stand, den sie abbilden, als Ausgangspunkt.

Nehmen wir hinzu das Anwachsen der Datenmengen über das eigene Leben, zugespitzt im Treiben der «Lifelogger» und der Anhänger des «Quantified Self». Nehmen wir hinzu ein Anwachsen korrelativer Computerintelligenz, das unsere Theorien überholt. Nehmen wir außerdem hinzu Projekte, selbst das Innere statistisch zu verdaten – wie es die Hirnforscher tun, die inzwischen bis auf die einzelnen Neuronen hinab die Vorgänge in Rattenhirnen auf Großrechenanlagen simulieren.[22] Fügen wir all das zusammen und glauben an seine fortwährende Steigerung in diesem Jahrhundert, dann wird die «Resimulation» im Stil von *Accelerando* vielleicht nicht zur sicheren Vorhersage, aber durchaus zur nachvollziehbaren Zukunftsspekulation.

In solcher Zukunftsspekulation brodelt die Idee einer Unsterblichkeit, die jene der antiken Herrscher und Philosophen, die in unseren Büchern und Köpfen weiterleben, weit übersteigt. Es gibt Menschen mit optimistischem Blick auf Zukunft und technologischen Fortschritt, die solche Ideen verführerisch finden. Die Aussicht darauf, irgendwann als Computersimulation neu geboren zu werden, mag höchst spekulativ sein – aber was kostet es schon, darauf hinzuarbeiten? Nach der Idee der «Resimulation» erfordert es nur eines: der Nachwelt so viele Daten wie möglich über sich zu hinterlassen.

Zu diesem Zweck kann ich mein «Lifelogging», mein «Quantified Self», aber auch all meine digitalen Kommunikationen, E-Mails und Chats, alles, was überhaupt an Daten in Verbindung mit mir anfällt, Gigabyte für Gigabyte in eine große Datei für die Nachwelt fließen lassen: eine «mindfile».[23] Wenn ich alle Daten zu meiner Person kompakt in einem Datenkörper zusammenfasse, fällt es leichter, für ihren Bestand und ihre Verfügbarkeit zu sorgen: Dann kann ich meine Sicherheitskopie sicherheitshalber breit streuen, an möglichst verschiedene Orte, in möglichst verschiedene Medien – von denen hoffentlich ein paar noch zugänglich sein werden, wenn die Zukunft da ist.

Der Dresdner Informatiker Rainer Wasserfuhr pflegt seit Jahren unter mindbroker.de einen öffentlichen Spielplatz für seine persönlichen Daten, der diesem Konzept sehr nahe kommt. Hier sammelt er sein Leben, seine Kontakte mit der Welt, seine Gedanken – und seine Arbeiten an Künstlicher Intelligenz. Dazu gehört, seiner Selbst-Verdatung schon heute eigenes Leben einzuhauchen: Er experimentiert damit, seine Sprache, seine digitalen Äußerungen, sein Denken möglichst maschinenlesbar zu gestalten – damit seine Programme leichtes Spiel haben, aus seinen Datenmustern viel über ihn herauszulesen und weiterzudenken. Durch die Öffentlichkeit seines Projekts öffnet er seine Selbst-Verdatung auch für die Möglichkeit, dass andere an seiner Resimulation mitarbeiten. Wer die Zahl der Sicherheitskopien von Wasserfuhrs Mindfile vergrößern will, für den bietet er sie als Zip-Datei zum Herunterladen an.

Wer sich nicht den Aufwand machen möchte, die Software für seine Mindfile selbst zu schreiben, für den gibt es Dienstleister mit mehr oder weniger fertigen Lösungen. Im Grunde leisten Seiten wie Facebook Ähnliches: Auch hier wird mein Leben mehr oder weniger detailliert verdatet und vorrätig gehalten – ich kann mir sogar gelegentlich einen Abzug all meiner Daten in einer Datei herunterladen. Aber in der Selbstbeschreibung von Facebook stehen nicht solche tollen Sätze wie beispielsweise in der von LifeNaut.com: «Das Langzeit-Ziel ist, zu testen, ob mit einer umfassenden Datenbank, gefüllt mit den wichtigsten Aspekten der Persönlichkeit eines Individuums, künftige intelligente Software das Bewusstsein dieses Individuums replizieren kann.»[24] Oder in der von CyBeRev.org: «Das Ziel von CyBeRev ist, den Tod zu verhindern, indem hinreichend Informationen über eine Person bewahrt werden, sodass Wiederherstellung durch vorhersehbare Technologie möglich bleibt.»[25] An Ambitionen mangelt es nicht.

Für die Freiheit der Daten

Selbstverdatung als Pfad zur Unsterblichkeit: Projekte wie die eben genannten klingen vielleicht abgehoben und ein bisschen größenwahnsinnig. Möglicherweise sind sie reiner Unsinn. Und wirken sie in ihren wilden Hoffnungen mitunter nicht geradezu religiös?

Aber hierzulande herrscht bekanntlich Religionsfreiheit. Und wilde Utopien haben schon manche wünschenswerte Entwicklung in Gesellschaft und Technologie angetrieben – nicht zuletzt das Internet. Sie haben oft genug Geist und Kultur beflügelt, Ideen und Erfindungen ausgelöst. Deshalb verdienen auch abgehobene Utopien Freiräume – und seien es Freiräume im Experimentieren mit Daten.

Die Verdatung der Welt, der Blick durch die Daten, das Verknüpfen von Daten zu neuem Wissen – all das hat als Herrschaftstechnik begonnen. Am Anfang liegen die Daten in der Hand der Mächtigen, die sie für ganz bestimmte, sehr enge Zwecke verwenden. Doch technologischer Wandel öffnet die Datenwelt zunehmend für alle. So wächst die Vielfalt der Nutzung von Daten, die Kreativität im Umgang mit ihnen: Sie sind nicht länger nur Herrschaftstechnik. Sie verschaffen den Vielen und den Einzelnen neue Zugänge zur Welt, neue Formen der Intelligenz, des Spiels, der Kunst.

Die umfassende Verdatung der Welt legt in ihr neue Komplexitäten und Zusammenhänge frei, die über unsere Erwartungen und die Begriffe unserer Theorien hinausgehen. Diese neue Reichhaltigkeit der Welt wird uns aufgeschlossen von Datenmaschinen, deren natürliches Verstandesfeld gerade die Daten-Übermengen sind, an denen unser Affenverstand scheitert.

Die Welt der Daten gibt uns zudem neue Techniken des Selbst an die Hand: neue Gedächtnisse, neue Selbstbilder, neue Arten zu denken. Die Verdatung und Datenbewahrung unserer persönlichen Welt öffnet sie dem Zugang einer Zukunft, deren Möglichkeiten wir noch gar nicht vorausahnen können. Diese neuen Techniken des Selbst stellen sich oft quer oder ganz gegen das Konzept der «Privatsphäre».

Was uns die Entfesselung der Daten an Sichtweisen, Werkzeugen und Möglichkeiten öffnet, das verdient Anerkennung. Diese Entfesselung liegt begründet in der Freiheit von Daten: ihrer ungehinderten Verfügbarkeit, dem ungehinderten Experimentieren mit ihnen.

Wenn wir den Einzelnen ermächtigen wollen, dann sollten wir ihm dieses Recht in die Hand geben: auf jede mögliche Weise die Welt zu sehen und zu denken, sprich: sie auf jede mögliche Weise in Informationen aufzulösen und neu zu verknüpfen. Da heute die Computer unseren Geist fortsetzen, heißt das auch: alles an Daten über die Welt zu sammeln, was der Einzelne will, und in jeder beliebigen Weise von seinen Rechnern auswerten zu lassen. Jeder soll selbst bestimmen, was er an Informationen aufnimmt und mit diesen anstellt. Man könnte ein solches Recht ein Recht auf freies Sehen und Denken nennen. Ebenso könnte man es nennen: «Recht auf informationelle Selbstbestimmung».

Leider ist dieser Begriff bereits von einer anderen, ganz und gar gegensätzlichen Denkschule in Beschlag genommen.

4. DIE FESSELUNG DER DATEN

Das vorangegangene Kapitel sprach von der Entfesselung und Freiheit der Daten – und von den Chancen, die sich daraus ergeben. Der Datenschutz dagegen gehört zu jenen Mahnern, die in der Entfesselung der Daten große Gefahren sehen. Er fordert das Zügeln der Verdatung, das Fesseln der Daten – jedenfalls, soweit sie auf das Leben von Menschen verweisen.

Verkürzt lässt sich sagen: Der Datenschutz denkt Warrens und Brandeis' Text *The Right to Privacy* (siehe 2. Kapitel) weiter ins Computerzeitalter. Der Einzelne soll Einspruch erheben können gegen maschinelles Wissen über ihn. Warren und Brandeis beschäftigen sich damit, wie Druckerpresse und Lichtbild die Kontrolle des Einzelnen über sein Bild in der Welt bedrohen. Der Datenschutz widmet sich dem Schutz des Einzelnen vor dem Sammeln, Speichern, Verteilen und Verarbeiten von Daten zu seiner Person.

Deutsche Schule

Der Datenschutz ist eine europäische, vor allem deutsche Schule. Hier sind seine Vorstellungen, seine Forderungen, seine Warnungen besonders stark. In Amerika dagegen spielt er kaum eine Rolle. Gern machen hiesige Datenschützer den Hauptfeind in amerikanischen Internetunternehmen aus. Das liegt nicht nur an deren marktbeherrschender Stellung und an der Billigkeit ausländischer Feindbilder. Es liegt vor allem daran, dass die amerikanische Datenschutzgesetzgebung – insbesondere im privaten Bereich – vergleichsweise sehr lax ist.[1]

Und zwar nicht (oder nicht nur) aufgrund eines ungezügelteren Kapitalismus. Der Wert dessen, was bei uns unter Datenschutz und Persönlichkeitsrechte fällt, ist in der Tradition Amerikas viel schwächer verankert als zum Beispiel das Recht auf freie Rede. Im amerikanischen Gegenstück zu unserem Grundrechtskatalog, der 1789 entstandenen *Bill of Rights*, steht die «freedom of speech» an erster Stelle. Von «privacy» ist dagegen nirgends die Rede. Zwar gibt es – umstrittene – Versuche, nachträglich ein allgemeines Recht auf «privacy» in die *Bill of Rights* hineinzulesen. Aber offenbar stand die Frage nach ihr nicht auf der Tagesordnung der amerikanischen Gründerväter.

Erst hundert Jahre später versuchten die Juristen Warren und Brandeis mit *The Right to Privacy* ein solches Recht zu formulieren – und näherten sich dabei stark dem hiesigen Verständnis an: Recht am eigenen Bild, Kontrolle über das Wissen der Welt von mir. Doch genau diesen Ansatz würdigte die folgende amerikanische Rechtsgeschichte nur spärlich – auch weil er mit dem hohen Rang der freien Rede kollidiert. Sehr viel leichter behauptete «privacy» sich hingegen als Synonym für eine persönliche Freiheit des Handelns, für ein Verschont-Werden von äußeren Eingriffen: als Bereich, wo ich selbst mein Tun bestimmen darf, ganz gleich ob es dabei um eine Abtreibung oder den Konsum von Pornografie geht.[2]

Anders bei uns. Deutsche Datenschützer verweisen stolz auf eine starke nationale Tradition. Theorie und Praxis des Datenschutzes gedeihen nicht in Amerika, dem Mutterland der mechanisierten Volkszählung, der Computertechnologie und des Internet, sondern ab 1970 («erstes Datenschutzgesetz der Welt»[3] in Hessen) in der Bundesrepublik Deutschland und ihrem politischen Umfeld – bis hin zur heutigen Europäischen Union.

Woher rührt diese regionale Eigenheit? Eine verbreitete verfassungspatriotische Erklärung lautet ungefähr so:[4] «Wir Deutsche kennen im besonderen Maße die Gefahren der Verwandlung von Menschen in Daten. Das Dritte Reich war der große Datenstaat. Seine Kraft zum Mord an Millionen lag: im Abzählen und Durchrastern der Bevölkerung, im bürokratischen Erfassen der Unerwünschten und Ungebrauchten, in der computerisierten Organisation ihrer Vernichtung. Die Verdatung der Menschen machte es leicht, sie zu kontrollieren, zu unterwerfen. Die Effizienz von Auschwitz wurde sichergestellt mit einem Lochkarten-Datenapparat von IBM. Menschen wurden auf bloße Zahlen reduziert, die es nur noch wegzukürzen galt; ihre Auslöschung geriet zur schlichten Rechenaufgabe.»

Das ist gleichsam die Ur-Erzählung des Datenschutzes: Die Verdatung von Menschen unterwirft sie dem Rechenapparat totalitärer Mächte. Verdatung ist das Gegenbild zur «Menschenwürde» des Grundgesetzes: Sie verkürzt den Menschen, dieses heilige und unendlich vielseitige Geschöpf, auf profane Rechenwerte in kalter maschineller Kalkulation. Sie verwandelt den Menschen in bloßes Material, bereitet den Weg zu seiner gefühllosen Verwertung und Vernichtung.

Als der Datenschutz in den 1970er und 1980er Jahren groß wurde, war diese Erzählung nicht nur geprägt von den Erfahrungen des Dritten Reiches, sondern auch vom Unbehagen gegenüber den Computern, die nun spürbar ins Leben aller vorstießen. Statt als Erweiterung menschlicher Möglichkeiten wurden sie als Bedrohung wahrgenommen: als rätselhafte Unmenschlichkeit, als Arbeitsplatzvernichter, als Botschafter einer unnatürlichen, feindseligen Technokratie.

Computer waren in jenen Tagen Komplizen eines Staates, der – provoziert durch die Rote Armee Fraktion – seine Polizisten mit Maschinenpistolen auf die Straße schickte. Computerisiert erfasste die «Rasterfahndung» nach Terroristen die Bevölkerung und durchforstete ihre Daten nach verdächtigen Merkmalen. George Orwells Roman *1984* wirkte unter diesen Umständen weniger wie eine Warnung vor dem Stalinismus als vor dem technologisch perfektionierten Überwachungsstaat.

Als die Bundesrepublik 1983 eine Volkszählung durchführen wollte, entlud sich das Unbehagen vor der Verdatung in einer breiten Protestbewegung. Mehrere Verfassungsbeschwerden führten schließlich zum so genannten «Volkszählungsurteil» des Bundesverfassungsgerichts, das die Volkszählung erst einmal für ein paar Jahre auf Eis legte und ein neues Grundrecht garantierte: die «informationelle Selbstbestimmung».

In seinem Urteil[5] warnte das Gericht: Die Furcht vor Überwachung hemmt. Sie nimmt den Mut zur Inanspruchnahme von Grundrechten. Sie behindert die freie Entfaltung des Menschen.

Nach Meinung des Gerichts verlangt Selbstbestimmtheit, dass ich abschätzen kann, was ich mir mit meinem Tun einhandle. Kein Handeln ins Ungewisse also, sondern Planbarkeit von Folgen. Wenn ich aber nicht überschauen kann, wo mein Handeln aufgezeichnet wird, wer es studiert, in welche Kontexte es gesetzt wird – dann handle ich ins Ungewisse. Dann verliere ich die Kontrolle über die Bedeutung und Wirkung meines Tuns. Dann muss ich damit rechnen, dass mir aus unvorhergesehener Ecke aus meinem Handeln und Sein ein Strick gedreht wird; dass ich in ein Raster rutsche, in das zu geraten ich durch mein Tun nie beabsichtigte. Dann muss ich in meiner Risikoeinschätzung für mein Tun stets die gefährlichsten Beobachter, Deutungen, Verknüpfbarkeiten annehmen.

Die Folge? Ich halte mich zurück. Ich meide jedes Verhalten, das in irgendeiner Weise von irgendjemandem zu meinem Nachteil ausgelegt werden könnte.

Auch vor dem Eintritt ins Computerzeitalter hatte der Einzelne keine totale Kontrolle darüber, was die Welt von ihm wusste, dachte, mit anderem in Verbindung setzte. Aber es schien überschaubarer. Eine Welt, in der Akten in Schränken verstauben, in der menschliche Beamte nur träge ihr Wissen austauschen, in der Überwachung aufwendig ist. Die Welt der Computerdaten hingegen eröffnete neue Größenordnungen der Speicherbarkeit, Reichweite und Verknüpfbarkeit von Informationen. Sie ließ die Möglichkeiten zur Überwachung, zur Auswertung, zur Interpretation, zur Verbreitung von Wissen ins Schwindelerregende steigen. Und damit nach Meinung des Gerichts auch die Einschüchterung des Bürgers.

Das durfte die freiheitlich-demokratische Grundordnung nicht zulassen – schließlich funktioniert sie nicht als Gesellschaft von Duckmäusern. Damit der Bürger sich als Herr seiner selbst fühlt, braucht er die Übersicht und Kontrolle über seine Verdatung. Er soll selbst bestimmen können, in welche Datenkreisläufe seine Informationen geraten und was dort mit ihnen geschieht – zumindest, soweit kein erhebliches gesellschaftliches Interesse dagegen steht. Das ist die «informationelle Selbstbestimmung». Damit schuf das Bundesverfassungsgericht ein Grundrecht ausdrücklich fürs Computerzeitalter. Es wurde zur Leitlinie des deutschen Datenschutzes.

Es begründete die Zweckbindung von Daten und die Datensparsamkeit: Je weniger Daten von mir im Umlauf sind, desto weniger muss ich ihre unerwarteten Wege und Wirkungen fürchten.

Datenschutz und Staat

Der Datenschutz beansprucht die Verteidigung des Bürgers vor den Gefahren der Verdatung an zwei Fronten: gegen den Staat und gegen private Stellen.

Der Staat ist auf den ersten Blick am gefährlichsten: Er baut die Konzentrationslager, er erteilt die Berufsverbote, er führt die größte Bürokratie. Ist der Staat liberal, dann versucht er, autoritäre Auswüchse zu meiden und sich selbst zu beschränken. Soweit sich der Datenschutz als Bürgerrecht gegenüber dem Staat versteht, ist er das Versprechen einer solchen Selbstbeschränkung: Der Staat wird seinen Datenapparat gegenüber dem Einzelnen zähmen.

Seitdem er sich in Gesetze verwandelt, ist der Datenschutz aber nicht einfach eine Schwächung des Staates; er ist ein Teil von ihm. Er wird durchgesetzt über den Staat. Der Staat bezahlt seine eigenen Datenschutzbeauftragten. Er leiht den Datenschutzgesetzen sein Gewaltmonopol als drohende Keule.

Der Datenschutz ist Teil der Aufgaben, die dem Staat seine Existenzberechtigung geben. Die «informationelle Selbstbestimmung» ist heute eng verwachsen mit dem Ideen-Korpus rund um die «Menschenwürde», mit dem die Bundesrepublik ihren Wertekanon und Auftrag rechtfertigt.

Durch seine Verrechtlichung gerät der Datenschutz in eine riskante Schicksalsgemeinschaft – und zwar mit dem Datensammler, vor dem er in erster Linie schützen soll. Dass der Staat zuweilen in die «informationelle Selbstbestimmung» eingreift, war durchaus schon im Volkszählungsurteil vorgesehen. Dieses Grundrecht ist genauso wenig ein absolutes wie andere auch; wo die Staatsräson es für nötig hält (im Namen gesellschaftlichen Interesses), schränkt sie es ein. Damit der moderne Staat funktioniert, muss er seine Bürger in gewissem Maße verdaten, ob diese das wollen oder nicht. Ermittlungsbehörden, Verfassungsschutz und Geheimdienste finden es sogar oft notwendig, die Betroffenen von ihrer Überwachung in Unkenntnis zu halten. Wie weit die Einschränkungen dieses Grundrechts gehen, das ist politische Verhandlungsmasse – genauso wie die Höhe der Steuern oder die Dauer der Wehrpflicht. Interessen wie innere Sicherheit oder Sozialpolitik wiegen da oft stärker als nebulöse Warnungen des Datenschutzes vor möglichem Datenmissbrauch.

Das muss der Datenschutz ertragen. Er kann sich nicht in Totalverweigerung üben, wenn er sich nicht ins eigene Fleisch schneiden will. Wie jeder Mitspieler in der Politik muss er Kompromisse eingehen. Der Bundesdatenschutzbeauftragte Peter Schaar mag «Big Brothers härtester Gegner»[6] sein. Aber am Ende des Tages muss er sich mit «Big Brother» einigen: Dann legt Schaar konstruktive Vorschläge vor, wie sich etwa die Überwachungsstruktur der «Vorratsdatenspeicherung» im Detail ausgestalten ließe – statt sie ganz abzulehnen.[7]

Die «informationelle Selbstbestimmung» ist ein vom Staat durchgesetztes Recht. Als solches gibt der Staat es und nimmt es. Der Staat bestimmt Tragweite und Grenzen dieses Rechts. Der Staat bestimmt, in welchen Fällen es zusteht und in welchen nicht. So muss der Hartz-IV-Empfänger selbstverständlich detailliert seine Lebensverhältnisse gegenüber der Bürokratie offenlegen, wird der Asylbewerber selbstverständlich ausgiebig überwacht. Wie sonst sollte das Recht gegen diese Gruppen durchgesetzt werden, wenn nicht durch erhebliche Einschnitte in ihre «informationelle Selbstbestimmung»? Wenn der Staat meine Daten als Werkzeug zu meiner Kontrolle und Gängelung ernstlich braucht, bleibt Datenschützern wenig mehr als ein Schulterzucken. Revolution ist nicht ihre Aufgabe.

Insofern erweist sich dieses vermeintliche Machtmittel des Bürgers gegen den Staat auf den zweiten Blick meist als Papiertiger. Der Staat gewährt die «informationelle Selbstbestimmung», wo sie ihm einigermaßen egal sein kann; er zieht sie ein, wo das nicht der Fall ist. Wo der Staat tatsächlich autoritäre oder diskriminierende Neigungen entwickelt, spielt der Datenschutz wenig mehr als einen schüchternen Bedenkenträger. Die Sicherheit, nicht überwacht zu werden, erhält nur der, an dessen Überwachung der Staat kein ausreichendes Interesse hat.

Datenschutz und private Akteure

Als schäme er sich seiner offenen Front gegenüber dem Staat, betont der Datenschutz heute seine andere Front umso schärfer: die gegen nicht-staatliche Stellen. Vordergründig heißt das: gegen private Unternehmen.

Der Datenschutz tritt auf als Verteidiger der Interessen des Bürgers gegen Datensammelei zu Profitzwecken. Aber er misstraut dabei – und das ist ein wesentlicher Unterschied zu Amerika – der Fähigkeit des Bürgers, diese Interessen in Marktdruck zu verwandeln.

Der Bürger mag eine Vorstellung haben vom Wert seiner Privatsphäre, vom Wert der Datensparsamkeit. Aber diese Vorstellung schlägt sich nicht ausreichend in seinen Marktentscheidungen nieder: Durch Vergünstigungen und Prämien lässt er sich locken, Payback-Karten zu verwenden. Er schlüsselt datensammelnden Unternehmen sein Leben auf, wenn er dafür ihre glänzenden Spielzeuge bekommt. Weil es ihm so einfach und schmackhaft gemacht wird, teilt er sich freigiebig in Sozialen Netzwerken mit.

Der Datenschutz sieht sich als Verteidiger der Interessen des Bürgers, aber er unterstellt dem Bürger auch, zu leicht gegen seine eigenen Interessen zu handeln. Dann möchte der Datenschutz den Bürger am liebsten vor sich selber schützen. Vielleicht, weil er ihn für naiv hält. Vielleicht aber auch, weil er in Diensten wie Facebook einen Beteiligungsdruck erkennt, gegen den selbst das richtige Bewusstsein kaum Widerstandsmittel in die Hand gibt. Der Versuch, den Bürgern Datenschutzbewusstsein beizubringen, zeigt hier höchstens rhetorische Wirkung. Jahrzehnte der gutgemeinten Ratschläge und der Belehrung mit erhobenem Zeigefinger, der warnenden Broschüren und Fernsehsendungen, der mahnenden Sachbücher und Onlinekampagnen – sie haben nicht verhindert, dass heute alles bei Facebook landet. Dem Bürger beizubringen, dass sein höchstes Gut, seine persönliche Freiheit, von seiner Datensparsamkeit abhängt – das mag sich vielleicht irgendwo im Empfinden niederschlagen, aber die Praxis beeinflusst es kaum.

Hilft gutes Zureden nicht, ruft der Datenschutz nach dem großen Bruder: Gesetz, Justiz, Gewaltmonopol. Dann gibt es ein eindeutiges Bündnis: Der Staat soll schweres Geschütz auffahren und die Front gegen die Privatwirtschaft stärken. Hier erwartet der Datenschutz vom Staat keineswegs mehr, sich selbst zu zügeln; im Gegenteil. Der Staat soll das ihm Wesentliche, seine Autorität spielen lassen, um den nicht-staatlichen Datensammlern Fesseln anzulegen.

Ich habe schon im ersten Kapitel die Probleme dieses Ansatzes angedeutet: Deutsches Recht ist nicht das Recht der Welt und nicht das Recht des Netzes. Es fällt deutschem Datenschutz viel leichter, dem deutschen Sozialnetzwerk-Anbieter MeinVZ die Daumenschrauben anzulegen, als dem kalifornischen Facebook. Leider erweist sich Facebook aber auch bei Deutschen als viel populärer. Was bleibt Verbraucherschutzministerin Ilse Aigner da als letztes Druckmittel? Sie droht öffentlich, ihr eigenes Facebook-Konto zu kündigen.[8]

Der einzelne Staat hat wenig Macht übers internationale Netz – selbst die USA beißen sich daran die Zähne aus, wie der Fall WikiLeaks zeigt. Für deutsche Datenschützer freilich ist das weniger ein Grund, gegenüber der Welt nachzugeben, als dafür, die Welt am deutschen Wesen genesen zu lassen: «Schließlich hat Deutschland als Vorreiter in Sachen Datenschutz einen Ruf zu verlieren.»[9] Peter Schaar wünscht sich einen «globalen Datenschutz» und dass die UNO dieses unser Projekt endlich auf ihre Tagesordnung setze.[10]

Aber die Schwierigkeit, dem Netz irgendein Regime aufzuzwingen, liegt nicht nur in unterschiedlichen Rechtsordnungen begründet. Die Scharmützel spielen sich nicht nur im Hin und Her zwischen Staaten ab, sondern zwischen Staaten und dem herrschaftsfeindlichen Grundaufbau des Netzes: seiner Dezentralität und der Selbstbestimmtheit, die es jedem einzelnen seiner Millionen Knoten zuerkennt – jeder davon eine Maschine, die Daten sammeln, speichern und verarbeiten kann in einem Ausmaß, vor dem den Verfassungsrichtern von 1983 schwindelig geworden wäre.

Würde der Datenschutz Ernst machen mit seinen Versprechen, müsste er nicht nur die Kontrolle über die wenigen Großen, sondern auch über die vielen Kleinen beanspruchen. Nimmt man die deutschen Datenschutzgesetze zum Maßstab, dann sind nicht nur Facebook und Google Datenverbrecher, sondern Unmengen kleiner Blog-, Foren- und Homepagebetreiber. Wer von ihnen hat schon eine rechtlich einwandfreie Datenschutzerklärung auf seiner Website, wie sie das Telemediengesetz fordert? Wer schaltet ihr schon die geforderten Warnungen und Einverständnisabfragen vor, dass beim Ausliefern des Seiteninhalts Daten des Besuchers verarbeitet werden?

Auf ganz dünnes Eis begibt sich, wer seine eigene Seite mit externen Dienstleistern verknüpft. Den «Gefällt mir»-Button von Facebook auf der eigenen Seite zu platzieren ist rechtlich ebenso problematisch[11] wie das Einbinden des Dienstes «Google Analytics»,[12] der bunte Statistiken über die Zusammensetzung der Seitenbesucher erzeugt: Schließlich werden so Daten von Besuchern an datensammelnde Dritte weitergereicht, die zumeist im datenschutzfeindlichen Ausland sitzen. Genauso problematisch ist es,[13] Sicherheitskopien eigener Datenmengen «in der Cloud» bei externen Anbietern zu lagern, soweit diese Daten Dritte betreffen könnten – etwa eintrudelnde E-Mails oder das eigene Fotoalbum. Wer weiß schon, wohin diese Wolken die Daten weitertragen? Dass im Netz Dienste miteinander reden, sich gegenseitig unterstützen und verstärken, das lässt wie bei einer anhaltenden Zellteilung jede noch so kleine Datenschutzverletzung ins Unermessliche wachsen.

In seinem konkreten Vorgehen konzentriert sich der deutsche Datenschutz aber auf die Großen. Trotz ihrer Internationalität geben die vereinzelten Riesen immer noch eine bessere Zielscheibe ab als ein breit verteilter Schwarm aus Millionen. Zugeständnisse an den Datenschutz passen gelegentlich sogar – wie bei Google Street View – in die Marktstrategie der Großen. Sie haben mehr zu verlieren, wenn sie ein bestimmtes Land aussperrt: den Profit durch die ansässige Bevölkerung. Außerdem sieht es freundlicher aus, wenn der Datenschutz im Namen der Kleinen die Riesen angreift, statt sich selbst zum Goliath gegen viele kleine Davids zu machen.[14]

In seinen Problemen mit dem Netz befindet sich der Datenschutz in bester Gesellschaft. Schon im ersten Kapitel habe ich Parallelen gezogen zu den Leiden der Rechteverwertungsbranche: Das Interesse an der Durchsetzung gesetzlicher Ansprüche scheitert an einem Raum, der sich der Gewalt dieser Gesetze entzieht, der sie verspottet. Vor ähnlichen Problemen stehen im Netz Gesetze zur Einschränkung der freien Rede; zum Unterbinden von Kommunikation mit dem Ausland (etwa seitens Diktaturen, die die eigene Bevölkerung isolieren wollen); zum Bekämpfen unerwünschter Wirtschaftskreisläufe (wenn das im eigenen Land verbotene Glücksspiel auf ausländischen Websites gesucht und im Ausland beschafft wird, was hierzulande nicht verkauft werden darf); zum Verhindern unerwünschter Massenverabredungen («flash mobs» und «Facebook-Partys», aber auch politische Demonstrationen).

Die Front des Datenschutzes gegen die Anarchie des Netzes ist für den Staat also keine neue. Sie entspricht seinem Kampf gegen den Hoheits- und Bedeutungsverlust angesichts eines neuen Raums – der immer mehr Teile der Gesellschaft in sich hineinzieht, deren nationale Gesetze aber draußen hält. Der Staat hat das Netz längst als eine gefährliche Gegenmacht erkannt.

Datenschützer sahen im Datenschutz vielleicht einmal einen Schutz vor der Gewalt des Staates, die Einschränkung von dessen Macht. Heute schlägt sich Datenschutz in seiner Front gegen das Netz eindeutig auf die Seite des Staates – im Kampf gegen das, was sich der Macht des Staates entzieht.

Digitale Entmündigung

Der Datenschutz ist Teil einer breiten Front gegen das Internet als «rechtsfreien Raum», gegen Anarchie und Zügellosigkeit im Bereich des Netzes und der Daten. Kampflos wird diese Front nicht aufgegeben. Dabei werden zahlreiche Ansätze diskutiert, wie dem «Kontrollverlust»[15] beizukommen sei.

Zum Beispiel das selektive oder sogar vollständige Kappen der Kommunikation zwischen dem gesetzestreuen Netz im eigenen Land und dem gesetzeswidrigen Netz im Rest der Welt: Die Bundesregierung verabschiedete 2009 ein Gesetz zur Sperrung ausländischer Internetadressen für deutsche Nutzer, ausgehend von geheimen schwarzen Listen; vergleichbare EU-weite Vorhaben wurden unter dem Stichwort «virtuelles Schengen» diskutiert.[16] China filtert umfassend alle Datenströme zwischen In- und Ausland. Der Iran plant, sich in einem eigenen nationalen Internet ganz vom Restnetz abzukoppeln.[17]

Aber eigentlich will der Datenschutz uns nicht vom Netz abriegeln. Er will nur die Datenströme kontrollierbar machen. Die Daten mögen fließen, aber bitte in geregelter Form. Sie sollen Besitzansprüche, Freigaben und Verbote beachten, die der Bürger ihnen beilegt – mehr verlangt die «informationelle Selbstbestimmung» gar nicht.

Darin ähnelt der Datenschutz der Rechteverwertungsbranche. Hier wie dort soll Einzelnen (natürlichen oder juristischen Personen) eine Kontrolle über Daten verschafft werden, die ihnen in irgendeiner Weise zugeordnet sind – sei es als «geistiges Eigentum» oder über das «Persönlichkeitsrecht». Beiden stellen sich die gleichen Fragen: Wie kann ich beschränken, welche Pfade «meine» Daten im Netz einschlagen und was mit ihnen geschieht? Wie kann ich sie an meinen Namen und meine Anweisungen binden? Wie kann ich das Netz anhalten, diesen Anweisungen zu folgen? Es gibt durchaus Ideen zur Beantwortung solcher Fragen, die auf anderes setzen als den überforderten Rechtsstaat.

Für jemanden, der Daten kontrollieren will, ist das Netz mit einigen störenden Schönheitsfehlern auf die Welt gekommen. Zu offen sind seine Pfade, zu lässig wird unterschiedslos alles in jede Richtung durchgelassen, zu viel Selbstbestimmtheit wird den Maschinen gewährt, die am Netz hängen. Die Rechteverwerterbranche brütet seit geraumer Zeit darüber, wie diese Geburtsfehler und ihre Folgen behandelt werden könnten. Ein Lösungsansatz trägt den Namen «Digitales Rechtemanagement» (DRM).

Unter dem DRM-Regime werden die Kontrollwünsche der Branche den Daten als Zusatzinformationen mit auf den Weg gegeben: Wem gehören diese Inhalte, an wen dürfen sie weitergegeben, in welcher Weise dürfen sie genutzt werden, wann läuft ihre Gültigkeit ab? Daten sollen das eigene Haus nur noch verlassen mit fertigem Reiseplan, klaren Verhaltensregeln und einer Art Hundemarke, die den Besitzer nennt.

Dem Netz kann das zunächst einmal herzlich egal sein. Warum den Zetteln Beachtung schenken, die den Daten beigelegt sind? Aber die Industrie will nicht nur den Daten ein Wissen um ihre Regeln einbauen. Sie will auch den Maschinen, die mit den Daten zu tun haben, Respekt vor diesen Regeln einbleuen. Ein Ansatz hierzu ist: Die Daten werden nur verschlüsselt in die Welt entlassen. Die Industrie sitzt auf dem Schlüssel, der sie lesbar macht. Wer eine Maschine baut oder ein Programm schreibt, das die Daten lesen, anzeigen, verarbeiten soll, der muss die Industrie um den Schlüssel bitten. Die Industrie sagt: «Den kannst du gerne haben – aber nur, wenn du deine Maschinen und Programme zwingst, die Regeln zu beachten, die wir den Daten beilegen.» So läuft es zum Beispiel mit Filmen auf DVD oder BluRay-Disc: Die liegen auf ihren Datenträgern nur verschlüsselt vor. Um an den Schlüssel zu kommen, bringen Hersteller ihren Abspielprodukten Gehorsam vor den Regeln der Industrie bei – zum Beispiel bestimmte DVDs nur in bestimmten Ländern abzuspielen.

Aber auch die Freunde der Datenfreiheit ergeben sich nicht kampflos. Denkt sich die Industrie eine neue Verschlüsselung aus, raufen sich im Netz sofort Hacker zusammen, um den neuen Schlüssel mit ihrem gemeinsamen Können und der gemeinsamen Kraft ihrer Maschinen zu knacken. Haben sie den Schlüssel entdeckt, verbreiten sie ihn via Netz an jedermann. Software zum Abspielen der DRM-geschützten Daten ist nun schnell programmiert – kein Kotau vor der Industrie oder ihren Regeln ist mehr nötig.

Wer auf «Digitales Rechtemanagement» setzt, erwartet, dass Maschinen und Software seine Daten nur in vorgeschriebener Weise verwenden. Der Respekt für die Datenregeln soll tief in die Technik eingebaut sein, jenseits der Entscheidungsgewalt der Nutzer – denen lässt sich nachweislich nicht trauen. Hacker dagegen wollen (siehe 3. Kapitel) Universalmaschinen, die mit allen Daten alles tun können, die dem Nutzer die größtmögliche Handlungsfreiheit geben. Für viele Hacker kommt DRM einer digitalen Entmündigung des Nutzers gleich. Sie fahren ihr ganzes Können und das des Netzes auf, um dieser Entmündigung entgegenzutreten. Es ist ein Katz-und-Maus-Spiel: Die einen zwingen Maschinen und Software immer wieder Einschränkungen auf, die anderen hacken diese Einschränkungen immer wieder weg.

Der Idee vom «Digitalen Rechtemanagement» verwandt ist das Prinzip «Trusted Computing»: zuverlässiges Rechnen. Zuverlässig wäre ein Computer, wenn er nur könnte, was vom Hersteller und seinen Vertragspartnern explizit erlaubt wäre, sich von diesen überwachen und fernsteuern ließe. Dann wäre sichergestellt, dass der Nutzer nichts Regelwidriges tut: keine ungenehmigte Software verwendet, keine gekauften Musikdateien irgendwo anders hin kopiert. Daten ließen sich nicht nur verkaufen, sondern auch vermieten: Nach Ablauf der Mietzeit würden sie automatisch von der Festplatte gelöscht. Wichtig wäre nur, diesen «Blockwart» so tief im System zu verbauen, dass der Nutzer nicht rankommt, nicht daran rumprogrammieren, ihn nicht ausschalten kann.

Dieses Prinzip ist keine Zukunftsmusik. In der einen oder anderen Form ist es bereits in viele Geräte, gerade auch solche mit Netzverbindung, eingebaut: in iPhone und iPad, aber auch in Geräte zum Lesen elektronischer Bücher wie dem Amazon Kindle. Solche Geräte sind in ihrem allgemeinen Können viel eingeschränkter als zum Beispiel ein PC. Doch sie verkaufen sich, weil sie einige bestimmte Aufgaben viel zielgenauer, viel bequemer oder viel platzsparender erledigen als ein PC. Ihre Einschränkungen und Fernsteuerungen durch den Hersteller werden von vielen hingenommen. Mitunter aber blitzt doch ein Unbehagen durch – etwa, wenn ich mir ein Buch für meinen Kindle gekauft habe und dieses überraschend via Fernsteuerung gelöscht wird. So ist es vielen Nutzern mit einer Ausgabe von Orwells *1984* ergangen, deren Verkaufsangebot nachträglich zurückgezogen wurde, als man feststellte, dass dem Anbieter die Verkaufsrechte fehlten.[18]

Mit solchen Werkzeugen im Hinterkopf lässt sich ein Netz skizzieren, das seine anarchischen Geburtsfehler hinter sich lässt. Nehmen wir an, «Trusted Computing» setzt sich für immer mehr Knoten des Netzes durch – etwa weil sich alle Computerhersteller darauf einigen oder weil die Möglichkeit der Fernwartung ein anziehendes Versprechen gegen Virenbefall und Hackerei darstellt. Über die Fernsteuerung ließe sich auch ein DRM-Regime durchdrücken: Immer seltener würden Daten nun in ihrem Fluss von

Knoten zu Knoten einfach durchgewunken. Immer öfter träfen sie auf «zuverlässige» Maschinen, die sie fragen, wem sie gehören, wohin sie wollen, und beim Hauptquartier rückfragen: Durchlassen oder nicht? Zentrale Gewalten würden via «Trusted Computing» immer mehr Knoten des dezentralen Netzes fernsteuern – und damit kontrollieren, wie lange, wohin, über wen die Daten fließen und was mit ihnen passiert, wenn sie ans Ziel gelangen. Wer Wünsche zur Kontrolle seiner Daten durchsetzen will, müsste sich nur an diese zentralen Gewalten wenden.

So könnte es aussehen: ein Netz, in dem sich Daten fesseln lassen; ein Plan zur Bekämpfung der Netzanarchie. Es ist durchaus vorstellbar, dass sich manche ihrer Gegner dafür erwärmen könnten. Warum nicht auch der Datenschutz? Die Antwort scheint offensichtlich: Ein solches Kontrollsystem würde zentralen Gewalten die ausufernde Überwachung des Netzes und der Computer der Nutzer ermöglichen. Datenschutz aber sieht in der Überwachung gerade sein Feindbild. Doch Kontrolle der Daten braucht Werkzeuge, um sie durchzusetzen. Und die Gedankenspiele des Datenschutzes gehen durchaus in eine ähnliche Richtung wie das «Digitale Rechtemanagement». So wird unter dem Stichwort «Recht auf Vergessen» zum Beispiel diskutiert, persönlichen Daten ein Verfallsdatum einzubauen[19] – nach dessen Ablauf sie automatisch verschwinden müssten. Daten mit einem Verfallsdatum auszuliefern ist ein Leichtes. Aber dem Netz Respekt vor diesem Datum beizubringen, das erfordert harte Bandagen.[20]

Wem gehören die Daten?

Datenschutz und Rechteverwerter wollen auf den ersten Blick technisch ganz Ähnliches, ganz das Gleiche allerdings dann doch nicht. Das Ziel der Rechteindustrie liegt nicht darin, der Welt Filme, Musikstücke, Texte vorzuenthalten – sondern darin, mit diesen Werken Geld zu verdienen. Soweit sie daraus Profit schlägt, bringt die Industrie ihre Werke sogar sehr gern unter die Leute. Für manche Geschäftsmodelle kann die Verbreitung der Inhalte kaum groß genug sein – etwa beim Verkauf von Werbeplätzen. Andere Dienste verkaufen Dateien DRM-frei gegen Geld und versuchen dabei, die illegale Tauschbörsenkonkurrenz auszustechen – durch leichtere Bedienbarkeit und bessere Sortierung bei vernachlässigbaren Preisen. Lässt sich vielleicht Profit machen, indem man die Daten einfach passender und schneller verteilt als andere?

Den Datenschutz interessiert diese Frage nicht. Sein Ziel ist, Daten an der kurzen Leine halten, nicht irgendeinen Nutzen aus ihnen zu ziehen. Dementsprechend funktioniert die «informationelle Selbstbestimmung» nur in eine Richtung: als Verbot. Sie schafft kein Recht zum Verbreiten eigener Daten, sondern eines zu deren Einsperrung. Deutlich wird das am Fall «Google Street View». Wir erinnern uns: Dieser Dienst stellt Bilder von Häuserfassaden ins Netz. Er schenkte deutschen Datenschützern ein Zugeständnis – das «Verpixelungsrecht» –, das ihnen so gut gefiel, dass sie es nun auch von anderen Diensten fordern: Wohne ich in einem bei Street View abgebildeten Haus, kann ich durchsetzen, dass seine Fassade dort unkenntlich gemacht wird.

Lebe ich allein in dem Haus, ist der Fall klar. Aber was, wenn mehrere drin wohnen? Dann gilt genauso: Wenn auch nur einer will, dass «sein» Haus aus Street View verschwindet, dann reicht das – Google macht es unkenntlich, selbst wenn der Betreffende nur ein Mieter unter hundert ist, ja selbst wenn die übrigen Mieter ausdrücklich ihre Fassade in Street View haben wollen – vielleicht sind sie stolz auf ihre Weihnachtsdekoration oder die Jugendstilverzierungen, wer weiß. Dann können sie betteln, im Google-Universum abgebildet zu werden – aber die «informationelle Selbstbestimmung» verschafft keinen Anspruch darauf, vor allem nicht gegen den einen Verpixelungs-Forderer. Nur dessen Verlangen zählt – und sticht jeden gegenteiligen Wunsch der Übrigen aus.

Die «informationelle Selbstbestimmung» ist rein negativ konzipiert: ein Recht aufs Verstecken, kein Recht zur Selbstbehauptung. Sie schenkt dem Selbst keine Stimme in der Datenwelt, sie erlaubt nur, sich und anderen das Reden in Daten zu verbieten. Das Volkszählungsurteil versteht die Verwandlung in Daten einzig als Bedrohung für das Selbst. «Informationelle Selbstbestimmung» heißt folgerichtig: den Datendrachen töten, statt auf ihm zu reiten.

Deshalb sind «meine» Daten auch nicht meine Daten im Sinne von Eigentum. Mein Eigentum kann ich frei verwenden und verbreiten, schöpferisch nutzen. Der Datenschutz dagegen schafft nur ein hemmendes Verhältnis zu meinen Daten: Ich kann verbieten, Daten zu sammeln, zu verbreiten, zu verknüpfen, die mich betreffen. Der Datenschutz schafft kein Recht, meine Daten nach meinen eigenen Wünschen zu verwenden. Im Gegenteil: Er erlaubt anderen, mir die Nutzung «meiner» Daten zu untersagen, wenn sie sich in diesen Daten umrissen sehen, es also ebenso «ihre» Daten sind.

Der Datenschutz sieht in der Datenwelt einen Herrschaftsapparat. Wenn Wissenschaftler die Natur in Daten verwandeln, geht das in Ordnung: Die Aufgabe der Wissenschaft ist es ja, die Natur beherrschbar zu machen. Werden aber Menschen in Daten verwandelt, dann bedeutet das aus Sicht des Datenschutzes: sie unterwerfen, sie zerkleinern, sie entwerten.

Im vorhergehenden Kapitel habe ich mich an einer anderen Beschreibung der Datenwelt versucht: als einem Ort, an dem sich unsere Möglichkeiten und auch unser Selbst erweitern. Heute ist die Datenwelt weniger ein kalter Ort eingesperrter Großrechenanlagen, sondern unser Lebensraum: Hier entdecken und erfinden wir uns – über digitale Gedächtnisse, Onlineprofile und das «Quantified Self». Hier reden wir miteinander, flüstern oder brüllen wir, in Chats, auf Facebook, auf Twitter. Vermehrt nutzen wir Datenwerkzeuge als Werkzeuge des eigenen Denkens. Große Teile unseres Lebens vollziehen sich im Fluss der Daten in die Kreisläufe des Netzes hinein und aus ihnen heraus. Die Datenwelt ist die unsere geworden.

Der Datenschutz stößt in diese Welt mit Verboten und Beschlagnahmungen hinein. Er sagt: Das geschieht nur zu eurem Wohl, um eure freie Entfaltung zu fördern. Im zügellosen Datenbrodeln sieht er den Feind von Freiheit und Leben – also will er es zügeln. Was aber, wenn sich Freiheit und Leben gerade im zügellosen Datenbrodeln vollziehen? Der Datenschutz will die Datenwelt zurückzwängen auf ein Maß, das er für normal, für natürlich hält: Das Gedächtnis in unserem Kopf vergisst – also warum sollte es nicht auch unsere Festplatte? Wenn wir auf der Straße tratschen, hören es nur einige Umstehende – warum also sollte das Tratschen im Netz gleich den ganzen Planeten umkreisen?

Doch datenschützerisches Kontrollbegehren hat ebenso wenig Anspruch auf Natürlichkeit: als würden sich Lichtstrahlen und Schallwellen um die Rechte der Personen scheren, deren Bild oder Klang sie verbreiten; als könnte ich fremden Augen befehlen, wann mich ihre Blicke treffen; als könnte ich festlegen, was andere in ihrem Kopf von mir behalten oder denken. Wenn Persönlichkeitsrechte der Natur so fremd sind, wie sollten sie dann die Datenwelt aufs natürliche Maß zurückdrücken?

Privatsphäre, Persönlichkeitsrecht, informationelle Selbstbestimmung – damit solche «Förmchen» passen, muss die Welt in bestimmter Weise geordnet sein: Dieser Ort ist der Familie vorbehalten, jener dem Beruf. Hier ist das Leben des Einen, dort das Leben des Anderen. In einer Welt der Hausmauern und Zäune, der langen trennenden Wege, der begrenzten Reichweite von Sehen und Hören und Reden schien die Welt vielleicht noch derart aufteilbar. In der Datenwelt jedoch ist alles so sehr vernetzt, durchmischt, ergebnisoffen und im Fluss, dass es schwer wird, solche Grenzen zu ziehen, solchen Rechten einen Ort zuzuweisen.

So bleibt einem Recht wie der «informationellen Selbstbestimmung» nur die Flucht ins Extreme: Der Datenschutz betont zwar, nur «personenbezogene Daten» zu beschlagnahmen – Sätze wie: «Hans Meyer lebt in Darmstadt.» Aber wir haben gesehen, was mittels Verknüpfung und Korrelation von Daten inzwischen möglich ist. Sammle ich genug Daten über Herrn Meyers Umfeld, so zeichnet sich bald sein eigener Umriss ab. Nimmt Datenschutz seine Ansprüche ernst, muss er mitziehen und den Zirkel der Daten, die Herrn Meyer betreffen, zunehmend ausweiten – wie im «Verpixelungsrecht» geschehen. Um seine «informationelle Selbstbestimmung» abzusichern, müsste Herr Meyer immer mehr Daten seiner Umwelt und seiner Mitmenschen beschlagnahmen.

Wer die Freiheit der Daten schätzt, die sein Leben umreißen – sei es, weil er die Welt gerne daran teilhaben lässt, weil er mit seinen Daten kreativ spielt, weil er Lifelogger ist oder für seine Resimulation sammelt –, der macht besser einen großen Bogen um

Datenklammerer, die auf ihrer «informationellen Selbstbestimmung» bestehen.

Nicht überall im Netz herrscht die große Datenanarchie. Manche Gebiete sind schon «zivilisiert» und geregelt. So müsste der deutsche Datenschutz Facebook eigentlich lieben: Facebook, das ein Zehntel der Menschheit zu seinen Nutzern zählt, ist ein kleines Netz im Netz – nur eben ein zentral kontrolliertes. Was auf Facebook passiert, passiert unter Kontrolle des Unternehmens Facebook: Was die Menschen sich untereinander schreiben, wer was sehen darf, was nach außen dringt – das alles unterliegt einem Mitarbeiterstab, der überwacht, ob alles läuft wie gewünscht. Facebook zensiert. Facebook schmeißt Nutzer raus, die sich falsch verhalten. Facebook wehrt äußere Blicke wie den von Google ab.

Facebook sieht und hört alles – und verspricht gleichzeitig in gewisser Weise Privatsphäre. Stelle ich etwas auf eine öffentliche Website, ist es ungehindert für alle Augen der Welt einsehbar. Auf Facebook dagegen kann ich einstellen, wer gucken darf. Ich kann verschiedene soziale Sphären bestimmen, von denen die eine dieses sehen darf und die andere jenes. Ich kann der Nennung meines Namens, der Einkreisung meines Gesichts auf Partyfotos widersprechen. Kurzum: Facebook lockt mit dem Versprechen einer «informationellen Selbstbestimmung». Die aber kostet einiges, vor allem die Unterwerfung unter das Regime von Facebook – seine Überwachung, seine Zensur, sein Hausrecht. Facebook ist annähernd eine Umsetzung der oben geschilderten Idee vom überwachten, gesteuerten Datenkontrollnetz.

Sicher entspricht Facebook nicht reiner Datenschützerlehre. Facebook steht nicht gerade für Datensparsamkeit oder dafür, seinen Nutzern sichtbar zu machen, was mit ihren Daten geschieht. Vielleicht verbirgt Facebook das, was seine Nutzer unter seinem Dach ausbreiten, vor dem großen weiten Netz; selbst durchforscht der Dienst aber mit größtem datenanalytischen Eifer das private Leben seiner Nutzer. Wer den Schutzmantel von Facebook für Privatsphäre hält, sollte immer im Hinterkopf behalten, wer neben den Leuten aus seiner Freundesliste alles mitlesen kann: die Mitarbeiter von Facebook, die Vertragspartner von Facebook – und der Staat, der Facebook um Auskünfte bittet.

Aber Facebook bindet Daten an sich; es gibt sie nur heraus, wo es muss oder ihm nützt. Nach außen verknappt Facebook die Daten, monopolisiert sie. Statt dass sie frei, von jedem benutzbar durchs Netz fliegen, unterwirft Facebook sie seiner Zentralgewalt, behandelt sie wie Eigentum. König Facebook wird fett an den Daten, und das offene, freie Netz bekommt lediglich die Brosamen ab.

Im dritten Kapitel habe ich die Geschichte der Datenentfesselung als eine Geschichte beschrieben, in der sich die Gewalt über die Daten von den Wenigen auf die Vielen demokratisierte. In gewisser Weise stellt ein Datenmonopolismus wie der von Facebook eine Gegenbewegung dar: Solche «Daten-Silos»[21] binden Daten zurück an streng kontrollierte Großrechenanlagen, an die einzelne Macht, die entscheidet, welchen Daten sie freien Lauf lässt und welchen nicht.

Solche Macht, wie Facebook sie über die Daten hat, zieht Datenschützer geradezu magisch an. Sie verweist auf geordnete Machtverhältnisse, auf geschlossene Systeme, auf übersichtliche Verantwortlichkeiten. In solchen Ordnungen wird die Kontrolle von Daten denkbar. Das sind die Ordnungen, in deren Rahmen der Datenschutz sich Lösungen wie das «Recht auf Vergessen» oder das «Verpixelungsrecht» erträumt und plant. Will der Datenschutz diese Rechte durchsetzen, sind es diese Ordnungen, die er bewusst oder unbewusst verlangt: König Facebook ja, denn der sorgt für Ruhe und Ordnung; ein freies Netz nein, denn dort kann ja wer weiß was mit den Daten passieren.

Duldbarkeit des Datenschutzes

Der Datenschutz unterliegt einem großen «Vollzugsdefizit»: Es besteht eine erhebliche Diskrepanz zwischen dem, was seine Gesetze verlangen, und dem, was tatsächlich durchgesetzt wird. Der Datenschutz hält sich zurück oder wird zurückgehalten. Es mangelt ihm an politischer Durchsetzungskraft, an Reichweite und an Mitteln.

Genau dieses Vollzugsdefizit macht ihn aber auch erträglich. Ein ganz und gar verwirklichter Datenschutz, das hieße: Wohlmeinend würde ein König das gesamte Netz und alle ihm angebundenen Computer überwachen und steuern. Alle Datenströme müssten nachverfolgt und geprüft werden auf Zugehörigkeiten und Genehmigungen. Überall müsste das Reden und Denken in digitaler Form zensiert werden, beschränkt aufs Erlaubte. Würde der deutsche Datenschutz vollends verwirklicht, das Internet wäre nicht wiederzuerkennen.

Aber welches Gesetz unterliegt nicht einem gewissen Vollzugsdefizit? Wer will schon den totalen Rechtsstaat? Gesetze müssen sich nicht hundertprozentig durchsetzen, um eine gewünschte Wirkung zu entfalten. Auch über den Datenschutz lässt sich vielleicht sagen: In dem Maße, in dem er umgesetzt wird, bringt er manches Gute mit sich: sei es, dass er die Gewalt ein wenig dämpft, mit der das Zeitalter der entfesselten Daten über uns kommt; sei es, dass er uns ein paar Verschnaufpausen verschafft, ein wenig mehr Zeit, um uns in den neuen Verhältnissen zu orientieren.

Vielleicht hat der Datenschutz eine Aufgabe als «Brückentechnologie»:[22] Er besitzt keinen Freibrief, sich die Datenwelt ganz und gar zu unterwerfen, aber die Erlaubnis, die Datenwelt beim Eintreten in unser Leben um Vorsicht zu bitten. Ein solcher Datenschutz wäre kein Dauerauftrag. Er würde anerkennen, dass sein Können und seine Wohltätigkeit nicht feststehen. Sein «Vollzugsdefizit» gälte ihm nicht als Problem, sondern als Hinweis auf notwendige Grenzen seiner Ansprüche. Datenschutz ist ein Werkzeug, kein Selbstzweck. Inwiefern er nützt oder schadet, sollte von Fall zu Fall neu abgewogen und bewertet werden.

Eine zunehmend entfesselte Datenwelt macht es dem Datenschutz heute immer schwerer. Ihr gegenüber werden seine Werkzeuge stumpf. Er steht vor der Wahl, seine Kontrollansprüche zurückzuschrauben – wie Eltern, die ihre Kinder langsam in die Selbständigkeit entlassen – oder aber umso aggressiver für seine Kontrollansprüche zu kämpfen: mit Erhöhung des Krafteinsatzes, Ausweitung der Beschlagnahmungen, immer gewaltigeren Steuerungsstrukturen. Hiergegen ist Wachsamkeit geboten: Im Namen der «informationellen Selbstbestimmung» lässt sich allzu leicht eine Front ziehen gegen das Netz als Raum, der sich Herrschaftsansprüchen entzieht und so Freiheiten schafft. Langfristig müsste ein solches Netz wohl sterben, damit der Datenschutz leben kann.

Ich habe davon gesprochen, dass die Entfesselung der Daten Freiräume schafft, dass sie unsere Handlungsmöglichkeiten und unsere Techniken des Selbst erweitert; die Fesselung der Daten hingegen schränkt Freiheiten ein. Aber das ist nur eine denkbare Sichtweise. Sie berauscht sich an den Chancen der Technologie und der Infragestellung gegebener Ordnung.

Der Datenschutz begründet sich aus einer anderen: Für ihn schränkt die Entfesselung der Daten den Freiraum der Privatsphäre ein. Verdatung lehrt uns Furcht vor Überwachung und hemmt so unsere freie Entfaltung. Sie beschneidet den Menschen und seine Vielfältigkeit auf das, was in Herrschaftspläne passt. Für den Datenschutz stellt die Entfesselung der Daten Sicherheiten in Frage, die wir uns zur Grundlage unserer Freiheiten erwählt haben. Diese Bedenken verwandelt der Datenschutz in Forderungen, deren Umsetzung allerlei Probleme aufwirft. Das entwertet aber noch nicht die Bedenken. Stechen die Versprechen der Datenfreiheit die Bedenken des Datenschutzes aus?

5. INFORMATIONSMACHT

«Wer Wissen über uns sammelt, der sammelt damit Macht über uns. Um unsere Freiheit zu schützen, müssen wir uns solcher Sammlung entziehen. Privatsphäre ist der Ort, wo das geschieht – und damit wesentlich für unsere Freiheit.» So lautet die weit verbreitete These, von der auch der Datenschutz zehrt. Ich will sie in diesem Kapitel von verschiedenen Richtungen her hinterfragen. In welcher Weise hängen Informationsfluss und Macht zusammen? Worin liegt der Freiheitswert der Privatsphäre? Und vor allem: Was passiert, wenn der Schutz durch Unsichtbarkeit wegfällt? Schließlich scheint uns die Post-Privacy ja genau dorthin zu führen.

Macht und Freiheit

Dass Wissen Macht sei, ist eine gängige Formel. Sie wirkt auf den ersten Blick vollkommen einleuchtend: Die Wissenschaft als Disziplin will die Natur verstehen, um sie besser steuern und damit unterwerfen zu können. Wenn Staaten und Unternehmen Spione in die Reihen ihrer Rivalen schicken, dann fahnden sie nach Geheimnissen, die ihre Gegner angreifbarer machen. Die Diktatur aus Orwells *1984* überwacht, um jeden Widerstand gegen ihre Macht im Keim zu ersticken.

Aber was ist überhaupt Macht? Macht ist die Fähigkeit, Menschen, Dinge, Verhältnisse in eine bestimmte Richtung zu drängen, zu beeinflussen, zu formen. Wenn die Menschen tun, was ich sage, weil ich es sage, dann ist das Macht. Wenn ich die Natur so verändern kann, dass sie in meine Pläne passt, dann ist das Macht.

Macht verschaffe ich mir durch Machtmittel wie zum Beispiel körperliche Gewalt. Ich kann Menschen zwingen, sich meinen Wünschen anzupassen, indem ich ihnen mit Schmerz oder Beschädigung ihres Körpers drohe. Wer stark ist und Waffen hat, der hat Mittel zur Macht. Den Knüppel vor sich her zu tragen, das heißt Macht.

Aber den Knüppel zu tragen ist nicht die einzige Form von Macht, sondern eine unter vielen. Ebenso gut kann ich Menschen durch Schmeichelei, Betrug oder Hypnose dazu bringen, zu tun, was ich will. Oder ich drohe mit etwas anderem als körperlicher Gewalt: mit dem Entzug von Freiheit oder Liebe, Geld oder Drogen. Oder umgekehrt: Ich verspreche diese Dinge im Tausch für das von mir erwünschte Handeln.

Nicht jedes Machtverhältnis drückt sich aus in einer übersichtlichen Beziehung zwischen einem, von dem die Macht ausgeht, und einem, auf den sie wirkt. Oft spielen mehrere Mächte mit- und gegeneinander. Mächte sind miteinander verzahnt: Keine Macht wirkt ganz aus sich selbst heraus, jede arbeitet im Einzugsbereich anderer Mächte und wird von diesen beeinflusst. Und nicht überall, wo Macht wirkt, sieht man jemanden einen Knüppel, ein Hypnosependel oder eine Karotte schwingen. Es gibt auch unauffälligere, versteckere Machtmechanismen.

So sind Gesetze eine Form von Macht. Sie leiten unser Verhalten an: sagen uns, was wir dürfen und was nicht. Hinter ihnen steht die Drohung mit dem Knüppel oder dem Entzug von Geld, von Freiheit. Es ist aber nicht bloß die Furcht vor der Strafe, die die meisten Menschen zu größtenteils gesetzestreuen Bürgern macht. Es ist auch ein Einverständnis mit den Gesetzen: der Glaube, dass sie nicht nur fremden Zielen dienen, sondern auch den eigenen. Dass die Gesetze vernünftig sind, wünschenswert, selbst wenn sie einmal mit den eigenen Wünschen zu kollidieren scheinen. Den Menschen ein solches Einverständnis, einen solchen Glauben beizubringen, anzuerziehen, kann ebenfalls eine Form von Macht sein.

Nachdem wir einen Begriff von Macht gefunden haben, können wir Freiheit definieren als: die Abwesenheit einer Macht. Ich bin in dem Maße frei von einer bestimmten Macht, soweit sie nicht mein Verhalten bestimmt.

So lässt sich auch die Privatsphäre als Freiheitsraum bestimmen: Sie stellt eine Mauer dar, die äußere Machtverhältnisse abwehrt. Am Arbeitsplatz unterliege ich den Gesetzen des Arbeitsvertrags, aber beim Kneipenbesuch nach Schichtende bin ich frei davon. Auf einer öffentlichen Straße unterliege ich der Straßenverkehrsordnung, aber auf meinem privaten Anwesen kann ich so wild herumfahren wie ich will. Habe ich das Gefühl, dass mir fremde Blicke ihre Macht aufzwingen, dann entziehe ich mich durch das Zuziehen meiner Vorhänge.

So wie es nicht nur die eine Macht gibt, so gibt es auch nicht nur die eine Freiheit. Das Elternhaus, die Straße, das Lokal – alle diese Räume haben ihre eigenen Gesetze und zugleich ihre eigenen Freiheiten, die die anderen Räume nicht haben. Ich kann vor dem Diktat des Einen in den Anderen flüchten: Ich kann dem Befehlston meines Chefs in mein Zuhause entfliehen. Oder ich kann an meinem Arbeitsplatz der Fuchtel meines Ehepartners entkommen. So lassen sich verschiedene Freiheitsräume gegeneinander in Stellung bringen.

Freiheiten und Mächte überlagern einander in vielfältiger Weise. Ich kann Schäfchen der Kirche sein, gleichzeitig Untertan eines Königs und zudem gehorsamer Sohn eines Vaters. Mich von der einen Macht frei zu machen heißt nicht, mich auch der anderen zu entziehen. Oft verlangt sogar eine Macht für ihre Durchsetzung die Befreiung von einer anderen: Wenn der Vater von mir das Gegenteil von dem verlangt, was der König fordert, dann muss ich mich entscheiden. Dann empfinde ich es vielleicht als Freiheit gegen den Staat, der Familiensache zu dienen. Oder als Freiheit gegen den Vater, als Soldat der königlichen Armee in ferne Länder zu ziehen.

Freiheit ist nicht gleich Freiheit – das ist eine häufige Kritik am Liberalismus. Der Liberalismus behauptet großzügig Freiheiten des Bürgers – vor allem gegen die Macht des Staates. Aus Sicht seiner Kritiker vernachlässigt er aber die Infragestellung anderer Machtverhältnisse, treibt sie sogar voran – etwa, indem er sich weigert, den Kapitalisten Zügel anzulegen oder bestimmte Formen der Diskriminierung zu bekämpfen. So mögen in einem liberalen Staat alle Bürger gegenüber dem Staat gleich frei sein – umso schutzloser sind sie anderen Unterwerfungsverhältnissen ausgeliefert. Hier mit staatlichen Mitteln schützend einzugreifen, verbittet sich der Liberalismus als Angriff auf die Freiheiten, für die er einsteht – zum Beispiel die des Marktes und der Rede.[1]

Eine Freiheit, die der Liberalismus besonders schätzt, ist die Privatsphäre des Bürgers – als Raum seines persönlichen Lebens, in den die Macht des Staates überhaupt nicht hineinreichen soll. Im zweiten Kapitel habe ich bereits angedeutet, dass diese Privatsphäre historisch keineswegs als machtfreier Raum gedacht war: Im Familienbild des 19. Jahrhunderts bremste die Macht des Staates hier ab, damit die des Ehemannes umso ungehemmter wirken konnte. Auch für die Privatsphäre gilt: Sie ist kein Ort absoluter, sondern höchstens relativer Freiheit.

Wissen als Macht

Ausgestattet mit einem Begriff von Macht und Freiheit, können wir nun die Frage stellen: Ist Wissen Macht?

Als «Wissen» können wir jede Informationsmenge bezeichnen, über die eine menschliche oder maschinelle Intelligenz verfügt. Es lassen sich auch noch weitere Bedingungen denken: Die Informationen sollten die Wirklichkeit einigermaßen genau abbilden – das Wissen sollte «wahr» sein. Oder: Die Intelligenz sollte Gründe haben, an die Wahrheit der Informationen zu glauben – ich «weiß» etwas erst, wenn ich mir seiner sicher sein kann.

Aber unter keiner dieser Bedingungen bedeutet der bloße Besitz von Wissen an sich schon Macht. Wissen und Daten verhalten sich ähnlich: Solange sie nur tot daliegen, ohne ausführende Interpretation, ohne einen Gebrauch, sind sie schuldlos. Wissen muss erst in einer bestimmten Weise entstehen oder eingesetzt werden, damit es Teil eines Machtverhältnisses wird. So wie ja auch ein Knüppel für sich genommen noch keine Gewalt darstellt, sondern erst, wenn man ihn schwingt oder zur Drohung einsetzt.

In Kapitel 4 habe ich angedeutet, aus welchen Erzählungen über Wissensmacht sich der Datenschutz begründet. Im Volkszählungsurteil klingt schon durch: Problem ist nicht einfach das Vorhandensein von Information, sondern die Frage, wie und wohin sie fließt und mit welchen anderen Machtmechanismen sie in Verbindung tritt. Das Volkszählungsurteil erinnert dabei vor allem an ein Modell der Macht durch Informationen: den Panoptismus.

Der Panoptismus ist benannt nach dem «Panopticon» – einer Gebäudeform, die eine optimale Überwachung von Eingesperrten ermöglichen soll: Zellen umschließen einen runden Hof, in dessen

Mitte ein Überwachungsturm steht. Die Zellen sind derart ins Hofinnere ausgerichtet, dass sie vom mittleren Turm aus vollständig einsehbar sind.

Der französische Theoretiker Michel Foucault widmet sich in seinem Buch *Überwachen und Strafen* ausführlich dem Panopticon, seiner Ideen- und Wirkungsgeschichte. Er schließt aus ihm Prinzipien der Überwachung, Kontrolle und Disziplinierung, die sich verstärkt vom 18. Jahrhundert an in Arbeitshäusern, Hospitälern, Militärakademien und Gefängnissen ausbreiten. Foucaults Analyse zufolge wird der Panoptismus im 19. Jahrhundert zu einer Technik der allgemeinen sozialen Kontrolle von der Schule bis zur Fabrik: ein Werkzeug, um Menschen zu erziehen, in wirtschaftliche, militärische Bedürfnisse einzupassen und um ihnen Normen der Bewegung und des Verhaltens einzuprägen.

Wie ist die Gewalt im Panopticon genau beschaffen?[2] Auf den ersten Blick ähnlich, wie sich das Volkszählungsurteil die Gewalt der Verdatung über den Bürger vorstellt: Der Zelleninsasse fühlt sich beobachtet und muss für jedes Verhalten, das von der erwünschten Norm abweicht, Strafe befürchten. Zellen und Überwachungsturm stehen so zueinander, dass es für die Eingesperrten keinen Fluchtpunkt, keinen Schatten, kein Versteck vor dem kontrollierenden Blick des Wächters gibt.

Wie schon im Volkszählungsurteil beschrieben, wirkt die Macht der Überwachung nicht nur durch die tatsächlich vom Wächter geworfenen Blicke, sondern schon durch das Wissen um ihre Möglichkeit. Der Überwachungsturm ist nämlich so gebaut, dass sich aus ihm heraus zwar der gesamte Hof überblicken lässt – aber vom Hof aus ist nicht erkennbar, wie stark er gerade besetzt ist und wohin die Wächter schauen. Die Zelleninsassen können nicht sehen, ob sie sich gerade im Blickfeld der Wächter befinden oder nicht. So werden sie permanent verunsichert.

Um die Strafe zu vermeiden (angenommen, sie ist abschreckend genug), nimmt der Gefangene immerzu den schlimmstmöglichen Fall an: dass er gerade jetzt beobachtet und also mit Strafe bedroht wird. Er stellt sich fortwährend eine Überwachung vor, die gar nicht fortwährend stattzufinden braucht. Auch wenn kein Wächter auf ihn blickt, schaut er selbst auf sich und stellt sich die Frage:

«Verhalte ich mich gerade so, wie es die Norm verlangt? Denn wenn nicht, dann droht mir Strafe; dann muss ich mein Verhalten umgehend korrigieren.» Er verinnerlicht seine Überwachung, seine Kontrolle. Er wird zu seinem eigenen Wächter.

Der Aufbau des Panopticons erlaubt die Unterwerfung einer Höchstzahl von Gefangenen durch ein Minimum an tatsächlicher Überwachung. Dank der Verunsicherung, der Blindheit der Gefangenen gegenüber dem Turm reicht ihre technisch *mögliche* Überwachung als Gewalt bereits aus, um sie zu beugen. Ganz ähnlich wirkt auch die Überwachung durch die totalitäre Diktatur in George Orwells *1984*. Dort hängen überall, noch bis in die Wohnräume hinein, sogenannte «Teleschirme». Man kann sie sich vorstellen als Fernsehschirme, die aber nicht nur Bild und Ton ausstrahlen, sondern auch als Kamera und Mikrofon den Raum vor sich überwachen – als Rückkanal an die Wächter des Regimes. Die Zahl der Teleschirme ist zu groß, als dass hinter jedem davon jederzeit tatsächlich ein Wächter sitzen könnte. Aber wann beobachtet wird und wann nicht, das lässt sich nicht erraten. Sicher sein kann sich der Überwachte erst, wenn es zu spät ist: Wenn er bei einem Vergehen ertappt und dafür bestraft wird – und als Vergehen zählt bereits der falsche Gesichtsausdruck. Der einzige Weg, um den furchtbaren Strafen – Arbeitslager, Folter, Tod – zu entgehen, ist: lernen, das eigene Verhalten immerwährend und so tiefgreifend der erwünschten Norm anzupassen, dass der mögliche Zuschauer nichts zum Bestrafen findet.

Macht funktioniert demnach nicht nur über den Besitz von Wissen, sondern vor allem auch durch die Verhinderung von Wissen. Die Unsichtbarkeit der Wächter macht sie allgegenwärtig; wären sie sichtbar, würde ihre Macht schrumpfen. Das Nichtwissen des Gefangenen macht ihn gefügig. Der Datenschutz teilt diese Feststellung. Er leitet aus ihr die einzige Datenschutzforderung ab, die – zumindest punktuell – Datenfluss unmittelbar fördern statt hemmen soll: den Auskunftsanspruch des Einzelnen über das Ausmaß und die Benutzung seiner Verdatung durch andere.

An diesem Punkt seiner Beschreibung hat das Panopticon seine Schuldigkeit für die Begründung von Datenschutz und «informationeller Selbstbestimmung» getan. Ein Kontrollverhältnis zwischen dem Einzelnen und der Macht über ihm ist hergestellt, gebunden an eine bestimmte Richtung des Informationsflusses. Das ist das Kontrollverhältnis, nach dem der Datenschutz fragt und gegen das er seine Werkzeuge richtet.

In Foucaults Analyse ist die Geschichte hier aber noch nicht zu Ende. Die Blickrichtung zwischen Turm und Zelle ist für ihn nur ein Teil des Machtspiels. Andere Faktoren spielen bei ihm eine ebenso große, vielleicht sogar größere Rolle: die Sortierung der Gefangenen, ihre Vereinzelung, ihre Festsetzung. Die Gewalt des Panopticons ist gebunden an die Einsperrung der Erziehungsbedürftigen, an ihre Aufteilung in ein kontrollierbares Raster, an ihre Trennung voneinander. Die Zellen sind in Richtung des Überwachungsturms für Informationsfluss offen, aber nicht zueinander.

Das panoptische Prinzip soll an Orten großer Zusammenballung und Vermischung von Menschen für Disziplin sorgen. Schulen und Fabriken genauso wie Gefängnisse drängen eine hochproblematische Klientel zusammen, deren Problematik gerade durch ihr Zusammenspiel zu wachsen droht: die Schule, wo Jugendliche sich fern der Kontrolle durch das Elternhaus zu Banden zusammenschließen; die Fabrik, wo das Geschwätz der Arbeiter untereinander die Arbeit aufhält oder gar in Streikverabredungen mündet; das Gefängnis als Schule des Verbrechens, wo die Übelsten der Gesellschaft sich zusammenrotten und voneinander lernen.

Diesen Mob soll das Panopticon in handhabbare, kontrollierbare Teile zerschneiden. Es soll die Bänder der Solidarität untereinander lösen. Der Mob soll zerteilt werden in ein unverbundenes Nebeneinander von wehrlosen Einzelfällen, isoliert in Zellen, die übereinander und nebeneinander gestapelt sind, jede für sich ganz allein auf die totale Gewalt des Zurichtungsapparats ausgerichtet.

Die Überwachung ist vor allem auch eine Überwachung der Kommunikation. Verlassen die Gefangenen die Zellen zum Arbeiten oder Essen, ist jedes Reden verboten. Nicht nur soll der Informationsfluss zwischen Überwachungsturm und Zelle bloß einseitig verlaufen; er soll auch zwischen den Gefangenen unterbunden werden.

Schauen wir genauer hin, ist die Macht des Panopticons immer weniger eine Macht durch den Fluss von Informationen und immer mehr eine durch ihren Nichtfluss: Sie ist keine Macht der entfesselten Kommunikation, sondern eine der genauen Steuerung dessen, was in welche Richtung gewusst, ausgetauscht, gesagt werden darf.

In den moralischen Erzählungen, die den Aufstieg des Panopticons begleiten, wird gerade die Vereinzelung des Gefangenen als Mittel zu seiner Besserung gelobt. Der Delinquent soll in der Zelle ganz allein sein mit sich und der einen, klaren Disziplin über sich. Umso besser, wenn diese Gewalt durch ihre Unsichtbarkeit und gleichzeitige Allgegenwart etwas Gottgleiches bekommt: Der Gefangene kennt nichts mehr außer ihr. Er verinnerlicht sie, bis er sie als seine eigene Stimme wahrnimmt. So entwickelt er ein neues, ein moralisches Ich: als vertikales Band zwischen seinem Unten und dem Oben der Macht; durch das Abschneiden aller horizontalen Verbindungen nach links und rechts, durch das Abdrängen aller Ablenkungen von den Seiten.

Der Glaube an Wissen als Macht

Datenschützer haben recht: Das Dritte Reich bewies seine Macht auch als Daten-Staat. In vieler Hinsicht war die NS-Diktatur ein Versuch in modernster Technokratie. Mittels Wissenschaftlichkeit und Technologie sollte die Welt unterworfen und gestaltet werden. Dazu gehörte auch die maschinelle Verdatung der Bevölkerung. Davon erhofften sich die Nazis eine wissenschaftlich perfektionierte Verwaltbarkeit und Steuerbarkeit von Kriegsmaschine, Staat und Volk.

Ihre Auflösung in Daten sollte die Menschenmassen umso genauer als Rohstoffe und Werkzeuge erfassbar machen.[3] In den Akten der Bürokratie wurden für jeden Bürger bestimmte Fähigkeiten verzeichnet wie berufliche Qualifikation, Fahrkenntnisse, Beherrschung von Fremdsprachen – um ihn bedarfsgenau in der anlaufenden Kriegsmaschinerie einsetzen zu können. Auch der wechselnde Aufenthaltsort jedes Einzelnen wurde protokolliert, damit er sofort aufgegriffen und an die passende Stelle der Front versetzt werden konnte. Das Wissen über Menschen diente hier nicht einfach als Macht zu ihrer Unterwerfung, sondern zum zielgerichteten Einsatz ihrer Kräfte.

Die umfassende Verdatung der Bevölkerung während der NS-Diktatur sorgte auch im Fachgebiet der Statistik für eine Art Goldgräberstimmung. Nicht nur besaß man jetzt viel mehr Datenspielzeug. Gegenüber einer Diktatur, die die Bevölkerung nach ihren Vorstellungen formen und zweckmäßig einsetzen wollte, ließ sich die eigene Wissenschaft gut als Steuerungslehre verkaufen: Statistik erklärt der Macht genau, wo sie ihre Hebel zur Erfüllung ihrer Ziele ansetzen muss, etwa: Was ist der tauglichste Geburtenjahrgang, auf dessen Wehrmachtsreife wir bis zum Kriegseintritt warten sollten?[4]

Im 2. Kapitel habe ich erwähnt, wie im 19. Jahrhundert die Wissenschaften vom Menschen aufblühten – die Suche nach sozialen, biologischen, psychologischen Zusammenhängen in seinem Verhalten und Wesen. In dieser Tradition stand auch die Statistik des Dritten Reiches – und bestätigte mit ihr die nationalsozialistische Ideologie: Sie fahndete nach statistischen Zusammenhängen zwischen Kriminalität, Krankheit und Abstammung. Sie begründete die dabei entdeckten Muster mit Theorien über die verschiedene Wertigkeit von Rassen und die Erblichkeit von Intelligenz und Charakter. So rechtfertigte sie Maßnahmen wie Zwangssterilisierung, Eheverbot und schließlich Tötung ganzer Bevölkerungsteile.

Einerseits zeigt das Wissen der Macht also Hebel auf, die sie für ihre Ziele bedienen kann. Andererseits passt es sich selbst den Erwartungen der Macht an. Es bildet nicht einfach Wirklichkeit ab; es vereinfacht und verzerrt Wirklichkeit in die Sprache und Weltsicht der Macht, für die es arbeitet. Je enger Wissen an eine bestimmte Macht geknüpft ist, desto eher läuft es Gefahr, mehr die Erwartungen dieser Macht abzubilden als die Wirklichkeit, die es greifbar machen soll. Der Hammer muss alles als Nagel sehen. Wird das Wissen zu ideologisch, kann es sogar für die Macht selbst unbrauchbar werden.

So propagierten einige nationalsozialistische Physiker eine «Deutsche Physik», die um «jüdische» Einflüsse bereinigt sei – also etwa die Ideen von Albert Einstein. Diese Lehre fiel mangels Wirklichkeitstauglichkeit beim Regime in Ungnade, als der Wettlauf um die Entwicklung der Atombombe begann. Auch die Versuche der Statistiker, so ziemlich jede soziale und politische Frage in biologische Vererbungslehre aufzulösen, interessierten unter dem ganz praktischen Druck des Krieges bald kaum noch.[5]

Als sehr viel praktikabler erwies sich im Krieg die datentechnische Verwaltung und Mobilisierung von Ressourcen und Bevölkerung. Angesichts des zunehmenden Kriegschaos geriet aber auch sie bald an ihre Grenzen.[6] Was nützt die fleißigste Bürokratie, wenn die Züge nicht mehr fahren, wenn die einkalkulierten Köpfe fahnenflüchtig werden? Die Macht des Dritten Reiches lag eben in sehr viel mehr als nur seinen Daten: Sie lag in Panzern, Gewehren, Fabriken und in der Willigkeit und Fügsamkeit von Menschen. Mit diesen Machtfaktoren stürzte auch die Macht der Daten.

Datenschützer implizieren gerne eine enge moralische Verzahnung von Datentechnologie und Holocaust: Wurde er nicht mit Daten-Maschinen von IBM organisiert?[7] Eine Studie zum Thema, die unter dem Eindruck des Volkszählungsurteils entstand, fragt: «Liegt nicht schon in der Abstraktion des Menschen zur Ziffer ein fundamentaler Angriff auf seine Würde?»[8] Im selben Text findet sich wenige Sätze später das martialische Bild: «Die Zahlenwalze rollt auf die Menschen los.»[9] Fraglos verstärkte die Lochkarten-Effizienz der Bürokratie die Tragweite des Vorgangs. Das Gleiche ließe sich aber auch über viele andere Faktoren moderner Technologie sagen – etwa die Züge und Bahnhöfe, mit deren Hilfe täglich und millionenfach Juden wie Vieh in die Lager transportiert wurden. Trotzdem leiten wir daraus keine Erzählung ab über die Gefahren der Eisenbahn-Technologie für die Menschenwürde.

Wissen ist also nicht einfach Macht. Wissen über eine Sache kann in vielen Fällen Hebel zur Beeinflussung dieser Sache sichtbar machen; eine Garantie dafür gibt es nicht. Aber der Glaube, über eine Sache informiert zu sein, kann ein *Gefühl* der Kontrolle über sie verleihen, das verführerisch ist. Das erklärt vielleicht auch die Reflexhaftigkeit, mit der Politiker den Ausbau von Überwachungsmaßnahmen fordern, wenn sich dieses oder jenes schwer erträgliche Verbrechen ereignet.

Zuweilen wirkt der behauptete Zusammenhang zwischen der verlangten Überwachungsmaßnahme und dem Anlass reichlich konstruiert. So forderte zum Beispiel Hans-Peter Uhl, der innenpolitische Sprecher der CDU/CSU-Fraktion im Deutschen Bundestag, im Juli 2011 als Reaktion auf die Tat des norwegischen Massenmörders Anders Breivik: Deutschland brauche nun endlich eine gründlichere Internetüberwachung. Denn: «In Wahrheit wurde diese Tat im Internet geboren.»[10] Andere beliebte Standardforderungen sind die nach mehr Überwachungskameras, nach erweiterten Spitzelbefugnissen, nach Zusammenlegung verschiedener behördlicher Datenbanken, die bisher aus Datenschutzgründen voneinander getrennt waren.

Wenn Datenschützer solche Vorhaben kritisieren, dann nicht bloß mit Verweis auf die «informationelle Selbstbestimmung». Oft äußern sie Verständnis dafür, dass es ein Abwägen geben müsse zwischen dem Recht, nicht überwacht zu werden, und dem Gebot, zu überwachen, wo es der Sicherheit der Bürger dient. Aber sie misstrauen den Sicherheitsversprechen dieser Vorhaben: Ein schlechter Handel – wir geben viel Freiheit auf im Tausch gegen nur wenig mehr Sicherheit.

Soweit Datenschützer solche Sicherheitsversprechen angreifen, sind ihre Argumente oft konkreter und nachvollziehbarer als nebulöse Erzählungen von Menschenwürde oder heraufziehenden Orwell-Diktaturen. Was nützen schon tausend neue Überwachungskameras auf den Bahnhöfen, wenn nicht gleichzeitig neue Polizisten eingestellt werden, die im Fall der Fälle zur Hilfe eilen? Sind die Terroristen wirklich so dumm, ihre Anschlagspläne im Klartext über abhörbare Telefonkanäle zu diskutieren?

Mehr Überwachung – das ist die reflexhafte Antwort auf Herausforderungen, denen sich die Macht nicht so ohne weiteres gewachsen sieht: zum Beispiel das Internet. Dahinter steht der Glaube, das Sammeln von Daten über eine Sache mache sie schon irgendwie kontrollierbarer. Soweit sie die Sicherheitsversprechen von Überwachung in Zweifel ziehen, kritisieren Datenschützer diesen Glauben oft überzeugend – nur um ihn an anderer Stelle selbst zu predigen, wenn sie vor der Diktatur der Daten über unser Leben warnen.

Durch diesen Glauben vermischen Datenschützer allzu leicht die Gewalten. Die Rasterfahndung beispielsweise verwandelt einen

Verdacht entlang von Merkmalen wie Herkunft oder Religionszugehörigkeit in die computerisierte Abfrage einer Personendatenbank. Für Datenschützer liegt hierin eine diskriminierende Gewalt durch Daten. Dabei stellt das Verwandeln des Verdachts in eine Datenbankabfrage sicher nicht den wesentlichen Teil des Problems dar. Viel wichtiger sind andere Fragen: Wie berechtigt ist ein Verdacht entlang dieser Merkmale? Legitimiert er die Belästigung oder Freiheitseinschränkung derer, deren Namen die Maschine ausspuckt?

Die Diskriminierung ist nämlich nicht einfach die des Datenmediums, sondern die des polizeilichen Alltags. Auch sonst werden entlang von Merkmalen wie Kleidung und Hautfarbe bestimmte Personengruppen verstärkt ins Visier genommen und polizeilich unter Druck gesetzt. «Bauchgefühl» und «Erfahrungswerte», wie sich Drogendealer und Illegale erkennen lassen, sind die alltägliche Rasterfahndung.[11] Wie die Polizei mit Personengruppen umspringen darf, die sie einem Generalverdacht aussetzt – das ist keine Frage des Mediums, in dem dieser Verdacht formuliert wird. Eine Diskriminierung wird nicht weniger dämonisch, weil sie sich am Instinkt menschlicher Beamter orientiert statt an kalter Computerberechnung.

Die Erzählungen über die Macht, die Daten angeblich über Menschen haben, gehen zuweilen ins Magische: Wer sich «meine» Daten aneignet, beutet mich aus und gewinnt Kontrolle über mich wie über eine Voodoopuppe. So beschreiben Constanze Kurz und Frank Rieger in ihrem Buch *Die Datenfresser* die Verdatung durch kommerzielle Unternehmen als ein Mittel, um selbstbestimmte Bürger in Drohnen fremder Interessen zu verwandeln. Demnach erlaubt unsere Verdatung den Konzernen, Werbung so zielgenau und manipulativ zu schalten, «quasi aus den eigenen Gedanken errechnet», «hoch präzise und vollkommen treffsicher»,[12] dass wir uns ihrer Gehirnwäsche kaum noch entziehen können.

So wünschen es sich vielleicht die Unternehmen, die die Werbung schalten. Datenschützer und die Werbebranche arbeiten hier an derselben Erzählung vom Wissen als Macht. Einen überzeugenden Nachweis allerdings, dass wir seit dem Internetzeitalter in größerer konsumistischer Fremdsteuerung lebten als vorher unter dem Diktat von Fernseh-, Radio- und Kinospots, bleiben die Autoren leider schuldig.[13]

Transparenz

Bisher ging es vor allem darum, wie Wissen auf die eine oder andere Weise der Macht der Großen über die Kleinen dienen kann. Es gibt aber auch den umgekehrten Ansatz: Die Kleinen sammeln Wissen über die Großen und halten sie so im Zaum.

Das Zauberwort heißt «Transparenz». Transparenz ist ein demokratisches Prinzip: Sie geht einher mit der Kontrolle der Vielen über ihre Herrschaft. Sie wendet den prüfenden, strafenden Blick zurück auf den König, die Ämter, die Gesetze. Eine Umkehrung des Panopticons: Die Insassen überwachen die Macht.

Abläufe, Unterlagen, Entscheidungsprozesse der Macht werden öffentlich für jedermann einsehbar, überprüfbar, kritisierbar. Halten sich die Politiker an ihre Versprechen? Handeln sie für oder gegen meine Interessen? Machen die Ämter das, was sie sollen, oder arbeiten sie schlampig und korrupt? Auf solche Fragen soll Transparenz dem Bürger Antworten geben – damit er das System informiert zur Rechenschaft ziehen kann. Vorausgesetzt natürlich, er hat die Mittel, um das System zur Rechenschaft zu ziehen, etwa durch das Abwählen von Politikern oder das Verklagen von Behörden.

Ähnlich wie zur «informationellen Selbstbestimmung» bekennt sich der deutsche Staat in seinen offiziellen Verlautbarungen auch zur Transparenz. Er scheint beide als dasselbe Paket zu betrachten: Unter der Bezeichnung «Informationsfreiheit» ist sie als Aufgabenbereich dem Bundesbeauftragten für Datenschutz angegliedert.

Die Informationsfreiheit hat in Deutschland allerdings keine so stolze Geschichte wie der Datenschutz. Die ersten Informationsfreiheitsgesetze einzelner Bundesländer entstanden Ende der 1990er Jahre, und ein bundesweites Gesetz wurde erst 2006 durchgesetzt. Es schafft das pauschale Amtsgeheimnis ab, mit dem Behörden

Bürgern zuvor die Einsicht in Akten ohne weitere Gründe verweigern konnten. Jetzt hat der Bürger grundsätzlich einen Anspruch auf Akteneinsicht, wobei im Gesetz aber zahlreiche Ausnahmen festgelegt sind. In der Praxis gewähren Behörden Auskunftsansprüche oft erst nach einem Gang durch die Instanzen und verlangen dafür erhebliche Gebühren.[14]

Wie bei der «informationellen Selbstbestimmung» gilt für die Informationsfreiheit: Sie wird von der Obrigkeit dort gewährt, wo sie nicht mit den Interessen der Obrigkeit kollidiert. Die Ausnahmen des Informationsfreiheitsgesetzes sind so breit formuliert, dass sich im Zweifel immer eine findet, hinter der eine Behörde sich verstecken kann. Zudem wird die Informationsfreiheit um alle Auskünfte beschnitten, die private Interessen und Personen berühren könnten: Gerichtsakten, Verträge, personenbezogene Daten. Dass der Bundesdatenschutzbeauftragte auch für die Informationsfreiheit zuständig ist, liegt vielleicht daran, dass die «informationelle Selbstbestimmung» im Konfliktfall ausdrücklich höher wiegt als die Informationsfreiheit.

In anderen Ländern gibt es wesentlich stärkere Transparenzkulturen als in Deutschland. In den Vereinigten Staaten beispielsweise wurde 1966 der «Freedom of Information Act» erlassen, der bis heute weitreichend von der Öffentlichkeit in Anspruch genommen wird und nach Verjährungsfristen sogar hochgeheime Militärakten ans Tageslicht bringt. In Schweden gilt seit dem 18. Jahrhundert das «Öffentlichkeitsprinzip» als Grundstein der Demokratie:[15] Grundsätzlich sind alle behördlichen Vorgänge und Akten öffentlich einsehbar; die Ausnahmen werden knapp gehalten. Das Öffentlichkeitsprinzip greift durchaus auch auf Daten anderer Bürger über: Wer in Schweden wie viele Steuern zahlt, das wird jährlich, sortiert nach Postleitzahlen, von den Ämtern für jedermann nachlesbar herausgegeben.[16]

Unter westlichen Demokratien glänzt Deutschland durch einen besonders starken Datenschutz und eine eher schwache Informationsfreiheit. Dem freien Fluss der Informationen wird hier also auf gleich doppelte Weise misstraut. Wenn Transparenz ein Mittel der demokratischen Kontrolle ist, hat Deutschland noch ganz schön aufzuholen.

Aber wenn der Glaube an die Macht der Überwachung naiv geraten kann, dann sicher auch der an die Macht der Transparenz. Hier wie dort lohnt sich die Frage: Unter welchen Umständen genau wird hier Wissen zu einer wirksamen Gewalt?

Wie bei der Überwachung gilt: Das Wissen findet nur zur Macht in Verbindung mit anderen Gewalten. Kann der Wärter nicht mit Strafe drohen, muss ich auch seine Überwachung nicht fürchten; kann das Unten das Oben nicht stürzen, was kümmert das Oben dann die Sichtbarkeit seiner Verfehlungen? Deshalb gilt Transparenz vor allem als Wert in demokratischen Gesellschaften: weil hier die Auswechselbarkeit des Oben zum System dazugehört. Einem abwählbaren Politiker werden Enthüllungen über seine Vergehen mehr Angst einjagen als einem, dessen Thron durch Gott und Armee gesichert ist.

Transparenz der Macht kann allerdings auch ihre Schwächen aufdecken, ihren Gegnern Angriffspunkte liefern. Wo das droht, ziehen selbst transparenzfreudige Gesellschaften wie die USA Grenzen: etwa bei Militärgeheimnissen. Wo Macht sich transparent macht, passt sie auf, dass nichts hinausgelangt, was ihr gefährlich werden könnte – nicht nur in Deutschland.

Ähnlich wie bei der «informationellen Selbstbestimmung» ist das Ausmaß der gewährten Transparenz politische Verhandlungsmasse. Manchmal wird sie mit mehr Nachdruck gefordert, manchmal mit weniger. Es gibt aber nicht nur Transparenz, die das Oben dem Unten großzügig gewährt – es gibt auch Transparenz, die das Unten sich einfach nimmt.

Transparenz der Macht selbst da, wo sie nicht will – das ist traditionell die Aufgabe der freien Presse und heute verstärkt des Internets; das derzeit bekannteste Beispiel ist WikiLeaks. Nicht genehmigte Transparenz von Unten wird für die Macht eher ungemütlicher als die von ihr genehmigte. Hier finden sich die spannenderen, riskanteren Geschichten.

Transparenz als Gegenstand von Machtkämpfen – davon erzählt schon der Entstehungsmythos der altrömischen Zwölftafelgesetze: Die Patrizier verwehrten den Plebejern eine genaue Kenntnis der Regeln – Erlaubnisse, Verbote, Ausnahmen –, nach denen sie abgeurteilt wurden. Die Plebejer erkannten darin ein Mittel zu ihrer

Gängelung und erzwangen schließlich die Niederschrift eindeutiger Gesetze auf zwölf Tafeln, öffentlich einsehbar auf dem Forum Romanum.

Dass Transparenz der Macht zuweilen Zähneknirschen bereitet, sehen wir an der Verfolgung von WikiLeaks und seinen Zulieferern. Es gibt aber auch kleinere Transparenzkontroversen – in Deutschland zum Beispiel die Kennzeichnungspflicht für Polizisten: Auch die Vertreter des Gewaltmonopols schlagen zuweilen über die Stränge, vor allem die geschlossenen Einheiten, die bei Demonstrationen zum Einsatz kommen. Um sie hierfür rechtlich zu belangen, müssten sie aber für Opfer und Zeugen als Einzelpersonen identifizierbar sein: über ein Schild mit ihrem Namen oder zumindest einer eindeutigen Nummer. Eine Praxis, gegen die sich seitens Polizisten großer Widerstand regt: So würde die Privatsphäre der einzelnen Beamten verletzt; so würde es Querulanten erleichtert, ehrenwerten Volksdienern Arbeit und Leben schwer zu machen.[17]

Rechtlich fragwürdige Gewalttaten seitens der deutschen Polizei werden immer wieder in der einen oder anderen Form dokumentiert. Verstärkt Bewegung in die Debatte zur Kennzeichnungspflicht brachte ein Vorfall im Jahr 2009 auf einer großen netzpolitischen Demonstration in Berlin. Das digital versierte Publikum erfasste fragwürdiges polizeiliches Vorgehen mit seinen Kameraaugen aus gleich mehreren Perspektiven und bereitete es binnen Stunden im Netz als öffentliche Anklage auf[18] – mit genauer Isolierung und Hervorhebung der Gesichter einzelner Beamter: selbstgemachte Transparenz, die für die öffentlich abgebildeten Beamten einige rechtliche Folgen hatte.[19]

Die Transparente Gesellschaft

In den bisherigen Modellen sind die Sympathien klar verteilt, wenn wir uns auf die Seite der Kleinen, Schwachen, Unteren stellen: Den Blick von oben nach unten nennen wir ablehnend «Überwachung». Den Blick von unten nach oben nennen wir lobend «Transparenz». Aus dieser Ordnung folgt ein einfaches Programm: Wir müssen den Blick von oben nach unten schwächen und den von unten nach oben stärken. Überwachung nein, Transparenz ja. Oder auch: Nacktheit den Großen, Privatsphäre den Kleinen. Oder auch, was der Chaos Computer Club der Hackerethik als deutschen Zusatz beifügte: Öffentliche Daten nützen, private Daten schützen.

Es sollte also das Wissen auf der einen Seite gefördert und auf der anderen unterdrückt werden. Was aber, wenn die Entwicklung nur in eine Richtung läuft? Was, wenn die Vergrößerung von Wissen immer einfacher wird, seine Verhinderung aber immer schwerer? Wenn die Überwachungstechnologie immer billiger und besser zu haben und gar nicht mehr abzuwehren ist? Dann, so der amerikanische Futurist David Brin,[20] müssen wir unsere Freiheit anders verteidigen als durch den Kampf gegen Überwachung. Dann müssen wir uns damit abfinden, dass wir gegenüber den Mächtigen keine Geheimnisse mehr bewahren können, und uns eine bessere Lösung zu unserem Schutz suchen.

Sein Vorschlag lautet: Wenn die Überwachung schon total wird und alle erfasst, dann soll sie wenigstens auch allen zur Verfügung stehen. Dann lässt sie sich nämlich nicht nur von der Macht gegen uns einsetzen, sondern auch von uns gegen die Macht. Die totale Überwachung wird zur totalen Transparenz. Jeder soll Zugriff haben auf die Bilder der Überwachungskameras und Video-Flugdrohnen, die Akten der Geheimdienste, die Spionagesatelliten, die behördlichen und privaten Datenbanken. Wenn wir schon nackt sein sollen, dann sollen alle füreinander nackt sein, egal ob oben oder unten, klein oder groß, gut oder schlecht. Statt die Beleuchtung durch die Überwachung nur in eine Richtung zu lenken, soll sie den gesamten Raum ausfüllen, soll jeder alles sehen können. David Brin nennt dieses Konzept «die Transparente Gesellschaft».

Für ihn ist die ungleiche Verteilung von Möglichkeiten zur Überwachung ein Machtmittel. Mit der «Transparenten Gesellschaft» versucht er, dieses Machtmittel zu neutralisieren – indem er jeden gleich bewaffnet. Gerecht wird die «Transparente Gesellschaft» unter der Annahme, dass Wissensvorteile traditionell auf Seiten der Macht liegen: Die Mächtigen haben üblicherweise mehr Mittel, um ihre Neugierde gegenüber den Schwächeren durchzusetzen, als umgekehrt – und zugleich mehr Mittel, um die Neugierde der Schwächeren abzuwehren. In der totalen Transparenz haben die

Unteren also weniger zu verlieren als die Oberen. Wo es ihrer Unterdrückung diente, waren die Unteren ohnehin schon immer gegenüber den Oberen nackt. Die Oberen dagegen verlieren zumindest eines ihrer Machtmittel: die Geheimhaltung. Ihre Schwächen werden sichtbarer, das Manipulieren durch Lüge fällt schwerer. Ihre Geheimrunden unterliegen nun öffentlicher Prüfung. Sie müssen zumindest vorsichtiger in ihren Anmaßungen werden.

In einer «Transparenten Gesellschaft» werden alle Mauern durchsichtig, leckt jedes Geheimwissen nach außen, sind Werkzeuge zur Spionage für jeden erschwinglich. David Brin vertraut dabei auf den technologischen Fortschritt und die Möglichkeit seiner demokratischen Ausbreitung. Zwar schlägt er den Kampf gegen die Überwachung aus, nicht aber den für ihre demokratische Verteilung: besser wir alle zusammen als nur eine kleine Elite. Sonst würde die Gesellschaft wahrlich zum Panopticon: ein allmächtiger Turm in der Mitte, umgeben von den blind Ausgelieferten.

«Überwachung dient nicht nur unserer Unterdrückung – sie dient auch unserer Sicherheit.» Mit dieser Formel kommt Überwachung sogar in Demokratien gut an. Selbst hier gilt: Bei Polizei und Verfassungsschutz schaut ein Gewaltmonopol von oben nach unten, vertikal, auf die Vielen. Die Transparente Gesellschaft dagegen stärkt die Horizontale gegenüber der Vertikalen: Die Vielen überwachen das Oben, aber auch einander gegenseitig nach links und rechts.

Die vertikale Überwachung dient in gewisser Weise der Privatsphäre der Bürger: Spioniere nicht selbst deinen Nachbarn aus, sondern vertraue darauf, dass der Staat es für dich tut. Dessen Spione arbeiten immerhin diskret und verraten ihre Entdeckungen nicht ohne weiteres an die restliche Welt. Privatsphäre, das heißt hier: Mauern zu den Seiten, aber ein offenes Dach nach oben.

Die Transparente Gesellschaft zerschlägt diese Ordnung. Jeder kann nun jedem hinterherspionieren. Das schwächt die Privatsphäre genauso wie das Gewaltmonopol. Die Ermittlungen aller finden nicht mehr diskret statt, sondern ganz im Licht der Öffentlichkeit. Das macht die Kontrolle durch Blicke einerseits erbarmungsloser: Der gutgelaunte Verkehrspolizist kann vielleicht mal ein Auge zudrücken. Konfrontieren aber tausend Augen höchst verschiedenen

Temperaments den Verkehrssünder, sind sicher nicht alle davon gnadenvoll gestimmt. In ihrer Gesamtheit sind sie weniger bestechlich: Keine Rücksicht, nur weil es sich beim Angehaltenen um den Neffen des Bürgermeisters handelt.

Andererseits zähmt die totale Transparenz die Gewalt auch. Unter Prüfung der tausend verschiedenen Augen genießt nicht nur der Verdächtige weniger Narrenfreiheit, sondern auch der Polizist. Wo nur Polizisten einander überwachen, wacht ihr Korpsgeist: Man verpfeift nicht die Kollegen, man verhält sich solidarisch. In einer Transparenten Gesellschaft nehmen aber genauso Anwälte, Anarchisten und Sträflinge an der Überwachung der Polizisten Teil – und bewerten manches grobe Durchgreifen sicher anders.

Die Gewalt der Horizontalen richtet sich nicht nach den Meinungen einer kleinen Elite, sondern nach den Meinungen der Gesamtheit. Das klingt schön demokratisch. Andererseits gibt es sicher gute Gründe, in manchen Fragen eine Diktatur der Masse zu vermeiden: Ginge alles über Volksentscheid, so heißt es, hätten wir in Deutschland bald wieder die Todesstrafe. Eine Frage dem Gewaltmonopol zu überlassen, kann die Freiheitlichkeit einer Gesellschaft schützen, wenn das Gewaltmonopol die Freiheitlichkeit stärker schätzt als die momentane Mehrheit.

Aber es geht bei der Transparenten Gesellschaft gar nicht um Volksentscheide oder die totale Demokratie. Es geht nur darum, ob auch Wissen einem Gewaltmonopol unterliegen sollte. Und Informationen sind für sich noch keine Pistolenkugeln. Wie die Gesetze entschieden werden, welche Strafen angewandt werden, das wird nur insoweit berührt, als diese Verfahren Transparenz ertragen müssen.

Unter den Bedingungen totaler Transparenz würde Kriminalität einen ganz anderen Charakter annehmen. Viele Arten von Verbrechen wären zumindest auf den ersten Blick kaum noch vorstellbar: Wie sollen Betrug und Korruption funktionieren, wenn nicht durch Unterschlagung von Wissen? Wie soll ein Dieb seinem Handwerk nachgehen, wenn nicht im Verborgenen? Und wie soll er vom Diebesgut profitieren, wenn der Bestohlene ihm auf Schritt und Tritt bis zum Hehler folgen kann? Wie soll ein größerer Terroranschlag vorbereitet werden, wenn nicht im Geheimen?

Aber wir dürfen nicht zu sehr dem Glauben verfallen, bloßes Wissen sei schon Macht. Totale Transparenz ist ohnehin ein Gedankenspiel und ließe sich sicher nie hundertprozentig verwirklichen. Transparenz macht Wissen verfügbar, garantiert aber nicht, dass es sich jeder aneignet. Ein Betrüger müsste nur die heimsuchen, die keine Zeit haben, sich zu informieren. Und schließlich lässt sich nicht jedes Verbrechen durch Zuschauerschaft einschüchtern; manches Verbrechen sucht sie sogar.

Nichtsdestotrotz könnte erhöhte Transparenz viele Unsicherheiten und Probleme verringern, die wir heute mit anderen, nicht unbedingt freundlicheren Methoden bekämpfen. Wird eine unerwünschte Handlung bereits durch Transparenz eingeschüchtert, dann können wir andere freiheitseinschränkende Maßnahmen herunterfahren: Strafen, die ein Vollzugsdefizit durch abschreckende Härte ausgleichen sollen; Gesetze, die mangels Greifbarkeit eines bestimmten Vergehens lieber allgemeine und breite statt präzise und enge Verbote setzen.

Bestimmte Freiheiten könnten in einer Transparenten Gesellschaft wachsen, andere schrumpfen. Verhalten, das die Mehrheit nicht duldet, hätte vor deren Blicken weniger Fluchtmöglichkeiten ins Unsichtbare, in den Untergrund, in die Privatsphäre. Aber wenn die Mehrheit aus vielen Einzelnen besteht, die Freiheitlichkeit zu schätzen wissen – dann könnte Transparenz zugleich den Druck gegen viele freiheitshemmende Maßnahmen stärken.

Welche Freiheiten eine Transparente Gesellschaft stärken oder schwächen würde, das hängt letztlich davon ab, wie die Kultur beschaffen wäre, über die sie sich legt. Wo es eine große Mehrheit mit strenger und einheitlicher Moral gibt, könnte die Transparenz zum Werkzeug werden, um diese Moral totalitär gegen Abweichler durchzusetzen. Wo dagegen kulturelle Vielfalt und Toleranz verbreitet sind, könnte die Transparenz eher zum Druckmittel gegen Intoleranz und Diskriminierung anwachsen.

Informationskontrolle und Gesellschaftsform

Weiter oben habe ich das Panopticon und die Herrschaftsform in Orwells *1984* miteinander in Verbindung gebracht. Die Diktatur der Partei in Orwells Roman stärkt ihre Macht durch ausufernde Überwachung, durch Augen bis in die Wohnräume und durch die Verunsicherung, wann diese Augen zuschauen und wann nicht.

Aber diese extreme Überwachung ist nur eine der Machtsäulen der Partei. Der Großteil der Menschen in der Welt des Romans unterliegt ihr gar nicht. Die sogenannten «Proles» stellen mehr als vier Fünftel der Bevölkerung und werden auf andere Weise gefügig gehalten: durch materielle Not, durch Kriegspropaganda, durch massenmediale Verdummung, durch Zerstreuungen wie Sport und Lottospiel. Solange die Proles abgelenkt und blöd bleiben, stellen sie keine Gefahr für die Herrschaft dar.

In der gesellschaftlichen Hierarchie des Romans stehen die Proles ganz unten. Ganz oben steht die herrschende Elite der «Inneren Partei»: Ihre Mitgliederzahl ist gering und streng begrenzt. Zwischen diesen beiden Blöcken liegt die «Äußere Partei»: ausführende Maschinerie und Bürokratie der Macht. Ihre Mitglieder können nicht so tumb sich selbst überlassen werden wie die Proles; für die Erledigung ihrer Aufgaben benötigen sie Intelligenz und politisches Bewusstsein – und das macht sie prinzipiell gefährlich. Deshalb unterliegen sie der stärksten, der totalen Kontrolle.

Der Protagonist des Romans ist Mitglied der «Äußeren Partei» und erledigt seinen Dienst an der Macht durch seine Arbeit im «Ministerium für Wahrheit». Hier wird das Wissen im Staat kontrolliert. Die gesamte Informationssphäre, die gesamte Öffentlichkeit in Bild, Ton und Schrift, alle Reden, alle Bücher, alle Zeitungen – all das wird allein vom Ministerium verfasst und herausgegeben. Das «Ministerium für Wahrheit» legt die Wahrheit fest. Es sorgt dafür, dass kein Wissen zirkuliert, das nicht der Parteidoktrin entspricht. Wenn die Partei einen Menschen auslöscht und sagt, er habe nie existiert, dann hat er auch nie existiert: Sein Name wird aus allen Akten, Büchern, sogar vergangenen Zeitungsjahrgängen getilgt. Wenn sich die Parteiwahrheit ändert, wird alles Wissen eingezogen und neu geschrieben. Alle Wissensquellen außerhalb der Kontrolle der Partei werden penibel verfolgt und vernichtet.

Die Partei arbeitet an der totalen Kontrolle nicht nur der Öffentlichkeit und des Wissens, sondern auch des Kommunizierens und Denkens. Ein Projekt des «Ministeriums für Wahrheit» ist das Umschreiben der Wörterbücher und Grammatiken. Die Sprache an sich wird umgebaut, verkürzt, vereinfacht, damit gar kein Satz mehr formuliert werden kann, der der Ideologie und Wahrheit der Partei widerspricht. Gleichzeitig werden Techniken zur Selbstdisziplinierung des Geistes entwickelt und eingeübt: Die Eigenständigkeit des Denkens soll verringert und jeder Gedanke, der nicht mit der Parteidoktrin im Einklang steht, schon im Entstehen erstickt werden.

Für die Macht der Partei spielt die Kontrolle und Einengung von Wissen, Informationsfluss und Denken eine ebenso große Rolle wie die Allgegenwart ihrer Augen. Sie demonstriert das panoptische Prinzip in seiner ganzen Tiefe: gerade auch als eines, in dem durch die Schaffung von Blindheit und Stummheit unterworfen wird. Die totale Macht entfaltet sich durch die totale Steuerung und Zensur von Wissen und Kommunikation.

Orwells Roman schildert das Gegenteil einer Transparenten Gesellschaft. Er schildert eine Gesellschaft totaler, autoritärer Informationskontrolle. Auf den ersten Blick mögen beide Überwachungsgesellschaften sein. Aber ihre Machtverhältnisse sind grundlegend verschieden.

In Orwells Roman keine Privatsphäre zu haben heißt: ganz und gar einer einzigen, aber unendlichen Macht ausgeliefert sein. Durch Bindung aller Gewalten an sich, ja sogar die Steuerung der Wahrheit und des Denkens, ist die Macht der Partei absolut und alles außer ihr bedeutungslos.

In einer Transparenten Gesellschaft keine Privatsphäre zu haben heißt: zu allen Seiten hin angreifbar sein, gegenüber zahlreichen Mächten. Das jedoch in einer Welt, in der sich verschiedene Wissensmächte gegenseitig im Zaum halten können. In der es keine unangreifbar einzige Wahrheit gibt, sondern so viele Wahrheiten wie Augen, Ohren und Köpfe. In der jede Machtanmaßung von allen nur denkbaren Seiten kritisch beäugt und auf Schwächen untersucht werden, in der die Horizontale die Vertikale zähmen kann.

Transparenz ist keine Garantie gegen Herrschaft, gegen Unterwerfung. Aber sie erschwert die Herausbildung ungezügelter Monopole der Macht. Sie macht Macht hinterfragbarer und angreifbarer. Die Offenheit einer Gesellschaft und ihre Transparenz gehen Hand in Hand.

Wie im Zeitalter des Netzes das Verhältnis von politischer Struktur und Informationskontrolle verhandelt wird, dafür ist die deutsche Piratenpartei ein ergiebiges Labor. Geht man nach Repräsentation in den Parlamenten, ist sie zwar ein eher unbedeutender Winzling. Aber dafür ist der politische Raum innerhalb der Piratenpartei sehr viel direkter auf die Möglichkeiten und Herausforderungen des Netzes ausgerichtet als bei der Konkurrenz.

Eines ihrer Kernthemen ist der Datenschutz: Schwankt die Bedeutung des Datenschutzes anderswo eher zwischen Lippenbekenntnis und Verhandlungsmasse, gilt er hier vielen als unveräußerliches Fundament. Auch in der innerparteilichen Praxis wird er groß geschrieben: Mitgliederlisten werden so datensparsam wie möglich gehalten. Die Teilnahme an der parteipolitischen Diskussion und Entscheidungsfindung ist zu großen Teilen anonym oder pseudonym möglich.

Ein anderes Kernthema der Piraten ist die Transparenz: die Forderung nach der maschinenlesbaren Regierung, die öffentliche Nachvollziehbarkeit von Vorgängen der Macht, die Sichtbarkeit ihrer Verstrickungen. Auch hier geht man am liebsten als leuchtendes Beispiel voran: Große Teile der Parteiarbeit finden öffentlich nachvollziehbar im Web statt. Interne Streitereien werden schamlos öffentlich ausgetragen, im Partei-Wiki oder gar auf Twitter.

In keiner anderen deutschen Partei finden sich derart radikale Datenschutz- und Transparenz-Flügel. Beides gleichzeitig – auf den ersten Blick ist das kein Dilemma, folgt man der alten Regel: Privatsphäre den Kleinen, Transparenz den Großen. Der Untertan soll sich verstecken können, die Macht nicht. Der Abstand zwischen Oben und Unten ist der Waffenstillstand zwischen Datenschutz- und Transparenz-Denken. Dummerweise sind die Piraten aber auch große Basisdemokratie-Idealisten. Bewaffnet mit politischen Formen aus dem Netz, einem Vertrauen in die Intelligenz der Vielen statt Wenigen, einem Misstrauen gegen zentralistische und starre Hierarchien, stellen sie traditionelle Machtstrukturen in Frage, fordern ihre Einebnung und Öffnung: eine Verringerung des Abstands zwischen Oben und Unten.

In der innerparteilichen Praxis hat der Versuch, diese drei Punkte – Datenschutz, Transparenz, Öffnung der Macht – gleichzeitig umzusetzen, in den letzten Jahren für einige Verwirrung gesorgt. Gibt es einen fließenden Übergang zwischen den Einflussmöglichkeiten des kleinen Parteimitglieds (oder sogar Nicht-Parteimitglieds) und denen des gewählten Funktionärs, wo soll da Datenschutz aufhören und Transparenz anfangen? Eine gesonderte Transparenz für Politiker fordert sich nur so lange einfach, bis jedermann zum Politiker erklärt wird. Was passiert, wenn, wie von den Piraten versucht, jedes einfache Parteimitglied jederzeit und spontan seine Stimmgewalt an jedes andere delegieren kann, so dass meine eine Stimme plötzlich die von hundert anderen hinter sich hat? Ist mein Votum dann noch meine geschützte Privatsache – oder verdient es die Transparenz der Macht?[21]

Dieses bedarf der Transparenz, jenes der Privatsphäre – das gerecht festzulegen erfordert eine beständige Ordnung und Ausrichtung von Macht. Es gelingt nur unter der Annahme, hier sei die Bedrohung und dort das Bedrohte; hier der Täter, dort das Opfer; hier das Gute, dort das Schlechte; hier das Oben, dort das Unten.

In der Wirklichkeit sind die Dinge aber nur selten so klar geordnet. Genau genommen wechselt die Ordnung, je nachdem, wann, wo und wen man fragt: Dann sind mal die Staaten die Bösen, mal die Konzerne; mal die Unterschicht und mal die Oberschicht; mal das Finanzamt und mal der Steuerhinterzieher; mal die Linken und mal die Rechten.

So ist jede Entscheidung, was überwacht gehört und was in Ruhe gelassen, eine politische. Sie stärkt bestimmte Interessen und schwächt andere. Sie ist in sich schon eine Machtfrage. Wer bekommt den unsichtbaren Platz im Überwachungsturm und wer muss in die Transparenz der Zellen? Macht liegt darin, festzulegen, was wichtig ist und was unwichtig, welche Fragen erwünscht sind und welche tabuisiert, was als harmlos gilt und was als gefährlich.

Die Transparente Gesellschaft verweigert dieses Vorsortieren. Sie erlaubt Blicke in alle Richtungen gleichzeitig, ob sich dort nun Täter oder Opfer finden, Gute oder Böse. Sie erlaubt diese Blicke allen ihren Mitgliedern. Dadurch entzieht sie den Mächtigen eines ihrer Werkzeuge: die Wahrheit und die Berechtigung von Blicken festzulegen.

Darin liegt für die Transparente Gesellschaft ein Mittel zu ihrer Freiheitlichkeit, aber auch eines zur eigenen Beständigkeit. Wo es strenge Regeln gibt, wer was sehen darf, wie die Wirklichkeit gelesen werden muss, da gibt es auch viele blinde Flecken. Ein derart eingeschränkter, starrer gesellschaftlicher Blick übersieht in einer sich verändernden Welt viele Gefahren und Chancen. In der Transparenten Gesellschaft dagegen projizieren tausend verschiedene Augen und Perspektiven tausend verschiedene Lehren und Erwartungen auf die Gesamtheit der Daten. Sie gelangen zu einem vielfältigeren Bild, erfassen mehr Seiten der Wirklichkeit – und entdecken eher Gefahren oder Chancen für den Fortbestand des eigenen Systems.

Nur in festen, unverrückbaren Machtverhältnissen ist klar und stabil, was wichtig ist und unwichtig, was gefährlich und was harmlos, was des Schutzes bedarf und was des Angriffs. Die Offenheit der Blicke und Analysen in einer transparenten Gesellschaft ist die angemessene Herangehensweise an eine Welt, in der viele Mächte im veränderlichen Wechselspiel miteinander stehen. Sie erlaubt rasches Anpassen in unruhigen Verhältnissen. Sie kann in mehr als nur einer Hierarchie denken.

Es spricht einiges für die Transparente Gesellschaft als ein Modell, auf das wir hinarbeiten könnten. Gegen sie spricht vor allem eines: Die totale Demokratisierung der Überwachung macht – jedenfalls auf den ersten Blick[22] – Privatsphäre untereinander unmöglich. Aber wenn unsere Privatsphäre ohnehin wegbricht, dann ist die Transparente Gesellschaft mit Sicherheit einem Orwell'schen Panoptismus vorzuziehen, der uns ganz und gar und allein einer zentralen Überwachungsgewalt ausliefert, die nicht die unsere ist.

Privatsphäre und Ordnung

Ein bürgerliches Unbehagen des 19. Jahrhunderts galt den Proletariermassen, den Horden der Unterschicht. Mit sozialen Wohnprojekten sollte nicht nur die Verwahrlosung der Elenden unterbunden werden, sondern vor allem auch ihre Vermischung, ihre Zusammenballung. Der einzelne Proletarier war für sich kein Problem; aber in der Menge, in der Verbrüderung, wurde er gefährlich, musste er kontrolliert werden.

Aus diesem Grund setzte das Bürgertum Verbote der Versammlung und Kommunikation durch. Zusammenrottungen von Arbeitern wurden zerschlagen, Orte des Zusammentreffens geschlossen. Stattdessen wurde eine bürgerliche Tugend zur öffentlichen Norm erhoben: die Ruhe. Das hieß: nur vereinzelt und zurückhaltend reden. Das Zivilisieren der Arbeiter bedeutete: sie schweigen lehren und sie voneinander trennen.[23]

Diese Strategie zeigte sich auch in Wohnprojekten. In Frankreich verpflanzten großzügige Unternehmer ihre Arbeiterfamilien in Siedlungen kleiner Einfamilienhäuser mit getrennten Zimmern, einem Garten und Gartenzaun. Kein übles Angebot, denn natürlich waren diese Behausungen um ein Vielfaches wohnlicher als jede Mietskaserne. Aber hinter dieser Geste stand mehr als nur Zuneigung. Das eigene Häuschen sollte die Arbeiterfamilien erziehen. Es sollte sie kleinbürgerliche Sitten lehren, Wertschätzung von Eigentum und Konzentration auf das eigene Familienglück.[24]

Der Gartenzaun war bedeutsam: Er sollte eine nicht nur architektonische, sondern auch geistige Grenze gegenüber den Nachbarn ziehen. Der Arbeiter sollte lernen, sich als getrennt von seinem Nebenmann zu betrachten, statt als Teil derselben Schicksalsgemeinschaft im Klassenkampf. Der Zaun sollte den Mob auftrennen und den Horizont der Arbeiter auf ihre Privatsphäre verengen.

Wir finden hier, in sehr viel freundlicherem Antlitz als bei den Eingekerkerten, ein Element aus dem Panoptismus jener Zeit wieder: die moralische Erbauung in der Vereinzelung, die Zerschlagung gefährlicher Zusammenrottung, das Unterbinden unerwünschter horizontaler Verknüpfung – und die konzentrierte Unterwerfung unter einen vertikalen Machtzusammenhang. Denn dass der Arbeiter sich als Schmied seines eigenen Glückes betrachten sollte, als Kleinbürgertums-Anwärter statt als Teil des Klassenkampfs, das sollte ihn natürlich auch von oben her kontrollierbarer machen.

Privatsphäre kann also mehr sein als nur ein Fluchtraum des Einzelnen vor der Macht. Sie kann auch ein Teil im Getriebe der Macht sein. Ein anderes Beispiel für diesen Gedanken ist das Konzept der «Nischengesellschaft» in der DDR.

Wenn wir über Privatsphäre in der DDR nachdenken, fällt uns vielleicht zuerst ein Bild von ihr als Stasistaat ein. Ein absurd großer Spitzelapparat – ein bedeutender Anteil der Bevölkerung war als Informelle Mitarbeiter für die Staatssicherheit tätig – durchleuchtete das Leben der Menschen und erstattete der Obrigkeit Bericht über das Allerintimste. Auf den ersten Blick war die DDR also kein Staat, der die Privatsphäre respektierte, sondern sie mit Füßen trat. War die DDR ein einziges großes Panopticon?

Das würde zu ihrem totalitären Entstehungshintergrund passen. Als Teil des stalinistischen Projekts trat die SED ab Staatsgründung mit großen Plänen an: eine neue Gesellschaft formen, ein reaktionäres Volk zum neuen Menschen umerziehen. Hinter sich: die übermächtige Sowjetunion. Unter sich: das schließlich dichteste staatliche Überwachungsnetz der damaligen Geschichte. Scheinbar beste Voraussetzungen also, um das Leben des Einzelnen in ähnlicher Weise bis ins Kleinste zu unterwerfen wie in Orwells Roman.

Günter Gaus, von 1974 bis 1981 Leiter der Ständigen Vertretung der Bundesrepublik in der DDR, zeichnete nach seiner Rückkehr aus Ost-Berlin der westdeutschen Öffentlichkeit jedoch ein ganz anderes Bild:[25] Die Privatsphäre der Bürger sei in der DDR nicht etwa ausgelöscht, sondern im Gegenteil viel stärkerer Mittelpunkt des Lebens als im Westen. Statt in Reih und Glied zur Ideologie zu marschieren, fänden die Ostdeutschen mehrheitlich ihr Lebensglück im Rückzug ins selbstbestimmte Private, in persönlichen, kaum von oben kontrollierten Nischen. Das Regime schaue mehr oder weniger duldsam zu.

«Nischengesellschaft» – dieser von Gaus verwendete Begriff beschreibt eine gesamtgesellschaftliche Abwendung vom Öffentlichen, vom Staatlichen, vom Ideologischen hin in private, intime, eigene Räume. In Gaus' Darstellung steht der Begriff für ruhige Abende in der Gartenlaube, Skatrunden mit Freunden – statt Massenkultur und politischem Engagement. Hier sieht Gaus eine urdeutsche Biedermeierlichkeit und Verwurzeltheit, die er in der Bundesrepublik vermisst und die der BRD durch die Hinwendung zu Amerika, Moderne, Öffentlichkeitskultur abhanden gekommen sei. In der ostdeutschen Nische gehe es ehrlicher zu, selbstgenügsamer, bodenständiger, seien die Menschen in gewisser Weise: freier.

Ein sehr rosiges Bild, das aber von historischen Untersuchungen zur DDR im Ansatz bestätigt wird:[26] Nach einem tendenziell totalitären Start fuhr die Diktatur ihre Ansprüche zur radikalen Umgestaltung von Leben und Menschen nach und nach zurück. Sozialer Friede war bald wichtiger als Utopie. Stattdessen gewährte das Regime halbwegs unbehelligte Fluchträume im Privaten. Wer damit beschäftigt ist, seinen privaten Garten zu pflegen, macht zumindest keinen Volksaufstand wie noch am 17. Juni 1953.

Es war freilich nicht nur die Duldung des Regimes, die die Nischengesellschaft förderte. Der Freiheit der Nische stand die Unfreiheit des öffentlichen Raums gegenüber; das Regime lockerte die Zügel eben nicht allgemein, sondern nur gegenüber den Inseln des Privaten. Und dass die Stasi bekanntermaßen überall spitzelte, führte zu einem breiten gesellschaftlichen Misstrauen untereinander, das sich nur in kleinen Runden engster Vertrauter löste: Die Nische ist kein großes Fest mit lauter Halbbekannten, sondern klein und intim.

Die Kehrseite der Freiheit im Privaten war ihre Isolation. Die Nischengesellschaft war ein Nebeneinander von Freiheitsräumen, die sich zu ihrem eigenen Schutz nach außen und damit auch gegeneinander abschotteten. Keine Öffentlichkeit, über die man zu einem gemeinsamen kritischen Diskurs gelangen könnte. Keine breite Verabredung zum Widerstand, keine breite Solidarität. Das machte diese Inseln im Einzelnen wiederum sehr angreifbar, wenn sich die Diktatur doch einmal eine davon vorknöpfte.

So setzte das SED-Regime mit dem Aufstieg der Stasi seinen Willen zunehmend nicht etwa durch offenen Terror durch, sondern durch gezielte, geheime Zugriffe: mit sehr persönlichen Lockungen oder Drohungen, individuellen Erpressungen, intimen Angriffen.

Statt Schauprozess Zersetzung des Familienfriedens. Statt offizieller polizeilicher Maßnahmen inoffizielle Sabotage des Lebens: Karrieren untergraben, einem Menschen seine Freunde verdächtig machen, subtiler psychischer Terror.[27]

So half der Rückzug in die Nischengesellschaft, das Regime zu stabilisieren, den gesellschaftlichen Handlungsraum von Widerstand zu verkleinern und den öffentlichen Raum zu befrieden. Dass die Diktatur der DDR vierzig Jahre lang Bestand hatte, lag nicht nur an der vertikalen Gewalt der Partei nach unten. Es lag vor allem auch an der Zerstückelung der Horizontalen.[28]

Die Privatsphäre ist also nicht einfach die Freiheit gegen die Macht. Ist die Privatsphäre das Haus, das mir die Macht gewährt, dann hat die Macht immer einen Zweitschlüssel. Die Privatsphäre kann den Zugriff durch die Vertikale stärken, indem sie die Solidarität in der Horizontalen abschneidet. Von oben gewährte Privatsphäre in einer autoritären Diktatur schützt weniger die Einzelnen vor der Diktatur als die Diktatur vor den Einzelnen.

6. POST-PRIVACY-TAKTIKEN

David Brins Transparente Gesellschaft ist ein Entwurf, wie eine Post-Privacy-Welt aussehen könnte. Brin spekuliert auf die heilsame Wirkung der Transparenz von Macht und zimmert sich daraus eine Utopie. Wir können überlegen, ob wir diese Utopie für erstrebenswert halten, ob wir auf sie hinarbeiten wollen.

In diesem Kapitel möchte ich aber einige andere Achsen skizzieren, entlang derer wir uns beim Übergang in eine Post-Privacy-Welt bewegen könnten: Taktiken, die sich im Kontext von Post-Privacy anbieten, von ihr befördert oder durch sie notwendig werden könnten. Teils werde ich auf historisch Erprobtes verweisen; teils nachzeichnen, was gerade erprobt wird; teils versuchen, vorhandene Ansätze spekulativ weiterzuentwickeln.

Lehren der sexuellen Revolution

Die Bewegung aus dem Privaten ins Öffentliche war im 20. Jahrhundert eine wichtige Taktik gerade für solche Gruppen, die sich gesellschaftlich benachteiligt fühlten. Das galt insbesondere im Umfeld der sexuellen Revolution: Denn in politischen Fragen rund um die Sexualität, vom Geschlechterunterschied bis zur Libido, schien das Grenzregime zwischen dem Privaten und dem Öffentlichen ein besonders lohnenswertes Angriffsziel.

In Kapitel 2 habe ich skizziert, wie stark die Entwicklung der Privatsphäre mit dem Einsperren der Frau einhergeht. Die Frau wurde zum privaten Wesen erklärt – und damit von den Möglichkeiten der Öffentlichkeit ausgeschlossen.[1]

Traditionell kann der Mann nach Belieben zwischen der öffentlichen und privaten Welt hin und her wechseln. Er kann sogar vor der einen Welt in die andere flüchten, wenn der Druck in der einen zu stark für ihn wird. Seine Frau dagegen ist traditionell ans Häusliche, an Heim und Herd gebunden. Ihr Aufgabenbereich, und damit auch ihre Bewegungsfreiheit, ist auf das Private beschränkt.

Wenn sie im öffentlichen Leben nichts zu suchen hat, braucht sie auch keine Rechte des öffentlichen Lebens. Ihr Mann vertritt ihre Interessen gegenüber der Außenwelt. Als Scharnier zwischen dem rechtlosen Privaten und dem rechtsbefähigten Öffentlichen ist selbstverständlich er der Vormund im Haushalt, und die Frau ist sein Mündel. Sie unterliegt nicht dem öffentlichen Recht, sondern dem des Hausherrn.

Solche Denkweisen liegen keineswegs hundertfünfzig Jahre zurück. Sie erlebten ihre Krise erst im 20. Jahrhundert und hatten (und haben) mancherorts noch sehr lange Bestand. In der Schweiz erhielten Frauen erst zwischen 1971 und 1990 überhaupt das Wahlrecht. In der Bundesrepublik wurde die Geschäftsfähigkeit der Ehefrau, ihr Recht auf das Ausüben eines Berufs und auf das Führen eines eigenen Bankkontos in langen Reformprozessen bis in die 1970er Jahre hinein erkämpft (1976 endlich: Eherechtsreform, Abschied vom Leitbild der «Hausfrauenehe»). Noch bis 1992 war Vergewaltigung rechtlich ausdrücklich definiert als erzwungener Geschlechtsverkehr *außerhalb der Ehe* – innerhalb der Ehe war sie eine Privatsache, um die sich deutsche Gerichte nicht zu kümmern hatten.

Denkweisen und Rechtsumstände wie diese brachten die Frauenbewegung in den 1960er und 1970er Jahren auf Konfrontationskurs mit der Institution «Privatsphäre». Form und Begriff des Privaten wurden analysiert als wichtige Rädchen im Getriebe der Unterdrückung der Frau. Wenn es die Unterdrückung der Frau zu bekämpfen galt, dann musste auch das Private hinterfragt, verändert, vielleicht sogar abgeschafft werden.

In diesem Rahmen wird der Slogan der Frauenbewegung «Das Private ist politisch» verständlich. Die Frauenbewegung erkannte «das Private» als politische Frage: Was privat ist und was öffentlich, welche Vorrechte jeweils dem einen oder anderen zuerkannt werden, in welchem Machtverhältnis beides zueinander steht – das darf nicht als gottgegeben und unverrückbar, das muss als politisch bedingt und formbar betrachtet werden. Soweit das Private einer Politik der Unterdrückung dient, darf es gerade nicht als unpolitisch abgetan, sondern muss mitten in die Politik und die öffentliche Diskussion gezerrt werden.

Sehr genau analysierte die Frauenbewegung das Private als einen Ort, der machtlos macht. Was der Mann im Öffentlichen, im Berufsleben tut, bringt ihm Geld und damit große Handlungsfreiheit in der Gesellschaft: Er kann es gegen Verschiedenstes eintauschen, es wird von Bekannten wie Fremden entgegengenommen, es gewährt ihm Macht im eigenen Dorf wie in der fremden Stadt. Für Hausarbeit und Kindererziehung erhält die Frau dagegen höchstens innerfamiliäre Wertschätzung – nichts, was sie gegen gesellschaftlichen Handlungsspielraum, gegen Unabhängigkeit, gegen Reichweite oder Beweglichkeit eintauschen könnte.

Private Fragen werden nur im kleinen Kreis, privat erörtert – und hier hat der Hausherr das letzte Wort. Öffentliche Fragen dagegen werden in der Öffentlichkeit diskutiert, im großen Rahmen, mit breiten Solidaritäten, mit Input aus den verschiedensten Richtungen. Frauenfragen sind in die Enge der eigenen Familie verbannt; Männerfragen werden im Parlament, in den Wissenschaften, in den Tageszeitungen verhandelt. Etwas ins Reich des Privaten zu verbannen heißt: es ins Verborgene treiben, ihm die politische Stimme entziehen, seine Diskussion abwerten.

Deshalb erkannte die Frauenbewegung als eines ihrer mächtigsten Mittel das provokante öffentliche Gespräch über das ins Private, Tabuisierte Abgedrängte. «Wir haben abgetrieben» – dieses öffentliche Bekenntnis von 374 zum Teil sehr prominenten Frauen zierte im Jahr 1971 das Cover des *Stern*.

Abtreibung war ein naheliegender Gegenstand der Politisierung des Privaten: Natürlich wurde abgetrieben, aber es gab keinen anerkannten öffentlichen Diskurs darüber. Abtreibung war ein Frauenthema, stark tabuisiert und offiziell verboten. Sie fand in einem Graubereich statt zwischen Illegalität und einer Duldung durch Wegschauen. Abtreibung geschah in der Freiheit der Unsichtbarkeit, der Verborgenheit. Aber diese Freiheit empfand die Frauenbewegung als eine höchst fragwürdige.

Denn in diesem Graubereich bedeutete Abtreibung: die ständige Furcht davor, ertappt und bestraft zu werden; nicht offen mit dem eigenen Umfeld über das eigene Problem reden, Unterstützung und

Solidarität suchen zu können. Und vor allem: Medizin im Halbkriminellen, im Hinterzimmer, öffentlich ungeprüft, ohne Rechtsansprüche. Nur Wohlhabende konnten es sich leisten, zu guten Ärzten ins Ausland zu fahren; weniger Privilegierte mussten auf Kurpfuscher ausweichen, mit allen bedrohlichen Folgen.

Die Freiheit der Unsichtbarkeit ist in solchen Fällen offenkundig unbefriedigend. Die Frauenbewegung forderte darum öffentlich und schamlos das als Recht ein, was bisher nur unter Abschiebung ins Verborgene gewährt wurde.

Die Frauenbewegung kritisierte die Privatsphäre als Ort der Frauenunterdrückung und stellte sie radikal in Frage. Sie bediente sich zur Emanzipation der öffentlichen Politisierung des privaten Lebens. Sie floh aus dem Privaten ins Öffentliche: Frauen erweiterten im 20. Jahrhundert ihren Handlungsspielraum massiv, indem sie sich Berufe, Universitäten und die Politik zugänglich machten. Die «Freiheit» der Privatsphäre genügte ihnen nicht länger.

An ähnlichen Fragen arbeitete die Schwulenbewegung. Selbstverständlich gab es in westlichen Ländern auch schon vor der sexuellen Revolution homosexuelle Subkulturen. Sie fanden ihre Freiheit aber nur im Verborgenen, im Untergrund, im Privaten. Aber war diese Freiheit ausreichend?

Die Schwulenbewegung der sexuellen Revolution hat ihren Gründungsmythos in den sogenannten «Stonewall Riots» des Jahres 1969. Das New Yorker «Stonewall Inn» war ein schwuler Szenetreffpunkt mit strenger Einlasskontrolle, halb legal, halb geduldet – aber immer wieder polizeilichen Schikanen ausgesetzt. Razzien waren alltäglich. Eines Tages ließen sich die örtlichen Schwulen die polizeiliche Gängelung aber nicht mehr gefallen – und probten einen Aufstand, der sich zu mehrtägigen Straßenkämpfen ausweitete. Statt Opferrolle nun Militanz – hinaus ins Öffentliche, Politische.

Der Begriff «Coming Out»[2] bezeichnete ursprünglich nur das Debütieren eines Schwulen in der verborgenen Schwulenszene. Stonewall deutete ihn um: hinaus aus dem «closet», dem «Schrank», dem Versteckspiel; hinaus in die Sichtbarkeit, Lautstärke, Selbstbehauptung. In ihrer Unsichtbarkeit erkannten Homosexuelle etwas, das ihre eigene Randständigkeit, Rechtlosigkeit, Einschüchterung stützte. Dabei wollten sie nun nicht länger mithelfen.

Auch die Schwulenbewegung analysierte die Freiheit im Privaten als eine faule, letztlich ohnmächtige Freiheit. Die Öffentlichkeit war bestimmt von heterosexuellen Normen, und wer an den Möglichkeiten der Öffentlichkeit teilhaben wollte, musste sich diesen Normen beugen; nur im Verborgenen war ein Abweichen möglich. In ihrer Andersheit von der Norm sollten Homosexuelle auf ihre Stimme, ihre politische Selbstbehauptung verzichten; Sorge tragen, dass ihre Vorlieben, ihr Selbstbild, ihre Partnerschaften nicht die öffentliche Norm in Frage stellten: Willst du anders sein, geht das nur, wenn du dich einschließt, ungefährlich machst.

Mit dem aggressiven Schritt in die Öffentlichkeit griffen Homosexuelle die Normen der Gesellschaft frontal an: das, was anerkannt, was offiziell geduldet wird. Wer zu Tausenden auf die Straße tritt, mitsamt prominenten und respektablen Mitgliedern der Gesellschaft in den eigenen Reihen, kann nicht mehr pauschal als abnormer Krankheitsfall wegerklärt werden. Eben noch hatten amerikanische Psychiater und Psychologen Homosexualität als Geisteskrankheit klassifiziert. Mitte der 1970er entschieden sie sich plötzlich um:[3] Homosexualität beeinträchtigte die geistige Gesundheit jetzt nicht mehr im Geringsten.

Einerseits erwiesen sich Coming-outs als Werkzeug, um zu verändern, was gesellschaftlich geduldet und respektiert wurde: Die Welt tarierte ihre Toleranzen neu aus. Andererseits verschaffte das kollektive Coming-out auch ein neues Selbstwertgefühl. Die erhöhte gegenseitige Sichtbarkeit und Bestätigung, die Breite der Solidarität, all das verwandelte Scham und Selbstzweifel in Mut und Stolz: «gay pride».

Als in den 1980ern AIDS sich anfänglich am sichtbarsten unter Homosexuellen ausbreitete, wurde das in konservativen Kreisen als Gottes gerechte Strafe für die «gay pride» gefeiert. Noch heute gibt es auch in liberalen westlichen Ländern eine gewalttätige, zuweilen mörderische Schwulenfeindlichkeit. Die Schwulenbewegung hat Erfolge erzielt, aber keine grenzenlosen. Das legt einerseits nahe, dass es mit kollektivem Coming-out allein nicht getan ist und belässt andererseits dem Coming-Out eine politische Bedeutung als einer Handlung, die nach wie vor provozieren und riskant sein kann.

Ist das «Coming-out» die Verlautbarung der eigenen Homosexualität aus eigener Entscheidung heraus, so bezeichnet das «Outing» die Bekanntgabe der Homosexualität anderer ohne deren Zustimmung – also ganz offenkundig etwas, das demjenigen, dem es widerfährt, erhebliche Probleme bereiten kann.

Andererseits erweist sich gerade die öffentlich bekannte Homosexualität wichtiger Persönlichkeiten als Druckmittel zur gesellschaftlichen Akzeptanz Homosexueller. Deshalb outen auch immer wieder Schwule andere Schwule, deren Verstecken im «closet» sie als unsolidarisch empfinden. So outete zum Beispiel 1991 unter dem Eindruck einer AIDS-Debatte der Schwulenaktivist Rosa von Praunheim die deutschen TV-Prominenten Alfred Biolek und Hape Kerkeling.

Outing ist als Taktik in der Schwulenbewegung stark umstritten. Der schwule US-Kongressabgeordnete Barney Frank predigt die «Barney Frank Rule»:[4] Das Outing Prominenter ist erlaubt, *wenn* diese Prominenten aktiv gegen Schwulenrechte arbeiten. Populistische Rechtskonservative sind ein beliebtes Angriffsfeld: zum Beispiel der einflussreiche evangelikale Prediger Ted Haggard, der aggressiv gegen Homosexualität predigte und Gesetze gegen die Schwulenehe unterstützte – bis ihn 2006 ein schwuler Sex-Arbeiter öffentlich zu dem Eingeständnis zwang, sein Kunde gewesen zu sein.[5]

Das Ugol'sche Gesetz

«Du bist nicht der Einzige.» So lautet das «Ugol'sche Gesetz», eine beliebte Formel in bestimmten Ecken der Netzkultur. Sie entstand Anfang der 1990er Jahre in Diskussionsforen über sexuelle Vorlieben abseits des Mainstreams: Sadomasochismus, Fetischismus, Vergnügen an Spielen und Körperkonstellationen ungewöhnlicher Art.

In diesen Foren tummeln sich häufig Menschen, die bei sich eine bestimmte sexuelle Vorliebe entdeckt haben, mit der sie sich ziemlich allein fühlen. Also fragen sie: «Bin ich eigentlich der Einzige, der diese Vorliebe hat?» Das Ugol'sche Gesetz (benannt nach dem

Foren-Teilnehmer Harry Ugol, der es formulierte) bezeichnet die Beobachtung, dass die Antwort auf diese Frage stets lautet: «Nein.»[6] Egal, wie obskur ein Fetisch scheint: «Es gibt Leute, die haben den gleichen Geschmack. Sie haben deinem Fetisch diesen und jenen Spitznamen gegeben, unter dem du weiter recherchieren kannst. Es gibt Pornoseiten zu deinem Fetisch[7] und Foren, wo sich Leute zu seinem Ausleben verabreden. All das findest du im Internet.»

Die Vielfalt menschlicher Neigungen ist groß. Dass eine Neigung bei einem auftritt, legt nahe, dass sie auch bei anderen auftreten kann. Nur: Wie finde ich zu denen?

Wer in einem Fünfhundert-Seelen-Dorf lebt und eine sehr spezielle Neigung weit abseits der örtlichen Norm hat, der wird es schwer haben, dort Neigungsverwandte zu finden. In einer Fünf-Millionen-Stadt sähe das schon anders aus. Die Chance, hier Neigungsverwandte zu finden, ist viel größer. Nehmen wir an, nur einer von fünftausend Menschen teile eine Vorliebe: Dann stünden (freilich verwirklicht sich ein Durchschnitt nirgends absolut) die Aussichten gut, dass in der Stadt Hunderte, vielleicht Tausende diese Vorliebe teilen.

Neigungsgruppen finden in Großstädten recht schnell zusammen – gerade auch solche, die sich in der Provinz versteckter halten müssen. Sexuelle Subkulturen abseits des Mainstreams pflegen in westlichen Großstädten breite Netze von Sexpartys, Fetischklubs, Stammtischen, Einsteigerabenden, Jugendgruppen. Wer sich hier mit seiner Abweichung von der Norm vorstellt, wird an die Hand genommen und zielgenau in eine Gemeinschaft der ihm Ähnlichen eingeführt.[8]

Die Größe gibt der Vielfalt Raum. Je größer und vielfältiger die Menge an Menschen ist, die die Stadt aufsaugt, je mehr Möglichkeiten die Stadt bietet, sich selbstbestimmt zusammenzufinden, desto eher findet Andersartigkeit hier sozialen Rückhalt – und in diesem sozialen Rückhalt Absicherung und Verstärkung.

Das Internet schließlich ist die größte Stadt. Sie umfasst mehrere Milliarden Einwohner – bald die gesamte Menschheit. Dass ein Interesse unter fünftausend einen treffe, das bedeutet hier locker: eine Million Menschen, die das Interesse teilen. Eine Großstadt in sich – die sich dementsprechend noch weiter ausdifferenzieren lässt. So findet selbst die obskurste Spielart einer für sich schon sehr speziellen Neigung noch eine ganze eigene Subkultur. So erfüllt sich das Ugol'sche Gesetz.

Das Ugol'sche Gesetz gilt selbstverständlich nicht nur für sexuelle Fetische. Es trifft auf Interessen jeder Art zu. Auch im Fünfhundert-Seelen-Dorf lässt sich vielleicht ein Stammtisch von Leuten finden, die gerne *Tatort* schauen. Im Internet dagegen gibt es Communities für jede noch so obskure Fernsehserie, jede noch so abseitige Verschwörungstheorie, jede vergessene Musikrichtung, jedes noch so verdrängte politische Anliegen, jede seltene Krankheit oder Behinderung. Egal, wie speziell du dich definierst – im Internet gilt: «Du bist nicht der Einzige.»

Es sind aber nicht bloß die großen Zahlen, die im Netz die Chance erhöhen, andere von derselben Sorte zu finden. Es sind die schlauen Such- und Vermittlungsalgorithmen, die mein Interesse erfassen und zu den passenden Stellen führen. Es ist das allgegenwärtige Plaudern und Sich-Mitteilen, das die Verschiedenheit der menschlichen Ansichten, Probleme, Erfahrungen und Wünsche in großer Breite abbildet und durchsuchbar macht. Es sind die sozialen Netzwerke, die Menschen entlang ihrer Datenanalyse einander als passend vorschlagen. Kurzum: Es ist die gegenseitige Durchsichtigkeit.

Es ist die Offenheit, mit der ich mit meinen Eigenschaften umgehe, die mich für andere als Träger dieser Eigenschaften auffindbar macht. Und es ist umgekehrt deren Offenheit, die es mir erlaubt, sie zu finden. Wären wir sehr viel zögerlicher und klammernder im Umgang mit unseren Daten, unsere Verknüpfung miteinander entlang unserer Neigungen fiele den Algorithmen sehr viel schwerer. Post-Privacy macht uns einander sichtbarer und ansprechbarer.

Sozialer Rückhalt gerade auch in einer Eigenschaft, in der ich weit ab vom Mainstream liege, gibt Stärke, Sicherheit, Selbstwertgefühl. Eben war ich in dieser Sache noch ein einsamer Sonderling, jetzt bin ich Teil einer Gemeinschaft, die sogar weiter reicht als der Mainstream, der mich vor Ort umgibt: Sie offenbart mir nicht nur Verwandte in der eigenen Stadt, sondern verteilt über den ganzen Globus. Sie hat Vertretungen in New York, Johannesburg und Tokio. Die globale Neigungsfamilie kann Scham und Einschüchterung durch so etwas Ähnliches wie Nationalstolz ersetzen – nur ist die Nation nicht mehr die eines Territoriums, einer regionalen Geschichte, sondern eines Hobbys, einer Perversion, eines politischen Kampfes, einer gesundheitlichen Herausforderung.

Die Post-Privacy, die es uns erlaubt, einander zu finden, muss nicht total sein. Gruppen, die aufgrund ihres Andersseins Verfolgung fürchten, nehmen zwar rege am Geschnatter und Erfahrungsaustausch im Netz Teil – oft aber nicht mit ihrem bürgerlichen Namen. Einen Teil von sich zu verhüllen gibt ihnen ein Sicherheitsgefühl, unter dem sie mit anderen Teilen von sich umso offener umgehen können.

Das Ergebnis lässt sich trotzdem als Post-Privacy beschreiben: Vieles, was vorher nur in finsteren Gassen verstohlen gemunkelt wurde, wird nun – unter Pseudonym oder gar anonym – sorglos in öffentliche Foren getragen. Und die Kraft einer solidarischen Masse erfordert nicht in jedem Fall, dass ihre Mitglieder als Träger bürgerlicher Namen erkennbar werden: Die Internet-Gemeinschaft «Anonymous» organisierte viele weltweite Proteste und Aktionen von beachtlicher Schlagkraft, obwohl ihre Mitglieder im Digitalen nur anonym oder pseudonym und im Analogen nur mit Maske auftreten. Einerseits ein demonstratives Versteckspiel – andererseits ein offensiver Schritt ins Öffentliche.

Aber was in die Post-Privacy drängt, zieht langfristig alles Verwandte mit: Wer zu viel von sich preisgibt, den verbergen irgendwann auch Pseudonym und Maske nicht mehr. Bis dahin hat das taktisch ausgewählte Enthüllen hoffentlich bereits die Ausgangslage in eine Richtung verändert, die die eigene Enthüllung erträglicher macht: kann Tabuisiertes zum Tagesgespräch erhoben worden, die gesellschaftliche Toleranzschwelle ausgetestet und gedehnt, die Tragweite der gegenseitigen Solidarität erprobt und gefestigt worden sein.

In engen, bedrückenden Gemeinschaften ist die Privatsphäre des Einzelnen ein Garant, an wenigstens einem Ort anders sein zu können als die Mehrheit. In der offenen Weite des Netzes gibt es sehr viel mehr Anknüpfungspunkte für das Anderssein jenseits der Privatsphäre: Abweichungen vom Mainstream meiner regionalen Umgebung werden durch sozialen Rückhalt im Globalen bestärkt. Andersheit und sozialer Rückhalt, das schließt sich hier viel weniger aus als in der Enge eines Dorfes.[9]

Solidarität und Transparenz

Über Geld spricht man nicht. Dass in Ländern wie Schweden jeder beim Amt nachfragen kann, was sein Nachbar an Steuern zahlt, scheint in Deutschland nur schwer vorstellbar. Geld ist ein peinliches Thema. Entweder ich habe zu viel davon oder zu wenig. Entweder ich fürchte Neid und Missgunst der Mitmenschen oder ihre Verachtung.

Zuweilen gibt es sogar Klauseln im Arbeitsvertrag, die ein Reden über Geld verbieten: Ich darf nicht mit meinen Kollegen Löhne vergleichen, denn das könnte den Betriebsfrieden stören.[10] Genauer gesagt: Manch einer könnte sich ungerecht behandelt fühlen – und mehr Lohn verlangen. Löhne lassen sich drücken, wenn unklar ist, wo der Durchschnitt liegt. Ein Anfängerfehler bei Freiberuflern und Selbstständigen, die ihre eigenen Honorare festlegen, ist: viel zu wenig zu fordern. Erst mit der Zeit, und im regen Austausch mit anderen aus der gleichen Branche, entsteht ein Empfinden, welche Preise für welche Leistungen angemessen sind. Wer zu viel bietet und dafür zu wenig verlangt, beraubt nicht nur sich selbst um mögliches Einkommen, sondern drückt die Marktpreise für alle.

Untereinander nicht über Geld reden: So schwächt Nicht-Kommunikation von Menschen sie gegenüber dem gemeinsamen Gegenspieler: dem Chef, den Auftraggebern. Zerstückelung der Horizontalen, Stärkung der Vertikalen – das ist der Grund, warum die Unternehmer des 19. Jahrhunderts nicht wollten, dass sich die Arbeiter rege miteinander austauschten. Und zugleich die Herausforderung, der die Arbeiter begegneten, indem sie sich zu Gewerkschaften zusammenschlossen: in einer gemeinsamen Front gegen ihre Ausbeuter auftreten, statt sich als Vereinzelte zu leicht abspeisen zu lassen.

Heute lässt sich die Welt nicht mehr so einfach im Klassenkampf denken. Es wird immer schwieriger, Klassen und Solidargemeinschaften einzugrenzen und zusammenzuschweißen. Arbeit und

Machtverhältnisse haben sich «neoliberal» flexibilisiert: Ob nun gut verdienender Selbstständiger oder Ein-Euro-Jobber – Arbeitgeber, Arbeitsbedingungen, Kollegenschaften unterliegen für immer mehr Menschen ständigem Wechsel. Je nach Stärke der eigenen Position lässt sich das als Freiheit lesen – oder als immer wackeligerer Boden unter den Füßen.

Wo Menschen und Machtverhältnisse im ständigen Wechsel sind, fällt es schwer, eine Arbeiter-Einheitsfront aus gemeinsamen Erfahrungen, Interessen, Vertrautheiten zu bilden. Der flexible Arbeitsmarkt entsolidarisiert. Jede Berufslaufbahn ist eine individuelle. Jede Schicksalsgemeinschaft reicht nur so weit, wie das Projekt dauert, zu dem man gerade zusammengewürfelt ist. Vereinzelung schwächt die Verhandlungsposition.

Aber vielleicht lässt sich dieser Ohnmacht ein bisschen entgegenwirken. Nicht, indem wir versuchen, die Welt wieder in die alten Zeiten zurückzupressen, als die Verhältnisse stabil schienen, als jeder noch wusste, wo er von Geburt bis Lebensende hingehörte. Sondern indem wir auch unsere Solidaritäten der Schnelligkeit, der Reichweite, der Veränderlichkeit der neuen Machtverhältnisse anpassen. Wenn die Vertikale versucht, sich unangreifbar zu machen, indem sie sich in große Vielfalt und Beweglichkeit aufspaltet, warum sollte das die Horizontale nicht genauso tun?

Eine Solidarität wird umso stärker, je weiter sie reicht und je mehr gemeinsames Interesse unter den Beteiligten besteht. Reichweite und die Verknüpfung mit Gleichgesinnten – das sind beides Faktoren, die das Netz fördert, wie oben gezeigt. Neigungsgemeinschaften können sich an wesentlich mehr ausrichten als nur entlang gemeinsamer Sexualfetische oder Musikvorlieben: nämlich auch an politischen Forderungen. Den trägen Gewerkschaften könnten diese Solidaritäten Spontaneität und Flexibilität ihrer Zusammensetzung und gemeinsamen Möglichkeiten voraushaben.

Wie bei den vorherigen Beispielen gilt aber auch hier: Um einander zu finden, muss man einander erkennbar werden. Nur wenn viele ihre Demütigungen offen ansprechen – in die Öffentlichkeit schreiben –, erkennen sie sie als gemeinsame. Wer seine persönliche Prekarisierung schamvoll verbirgt, trägt zur allgemeinen Verdeckung der Prekarisierung bei. Wer dagegen seine Verhältnisse offenlegt, findet Leidensgenossen, mit denen er sich zu einem gemeinsamen Vorgehen zusammentun kann.

Wie beim schwulen Coming-out gilt auch hier: Die Scham davor, einer allgemein gepredigten Norm nicht zu genügen, trägt diese Norm mit. Ein Weg, um aus der Opferrolle herauszutreten, ist das Abstreifen der Scham – und damit die Verhöhnung der Norm. Auch wer Behörden-, Wohlstands- oder Arbeitsnormen nicht genügt, kann die Schuld bei sich selbst suchen und damit schamvoll verstecken. Oder aber die Normen offensiv in Frage stellen: Ich finde diese Anforderungen zu hoch, diese Bezahlung zu niedrig, diese Bedingungen unerträglich.

Wer sich aktiv gegen die Normen auflehnt, macht sich natürlich in hohem Maße angreifbar: Er setzt zum Beispiel seine Sozialleistungen oder seinen Arbeitsplatz aufs Spiel. Aber auch das schwule Coming-out ist dort, wo es größte politische Wirkung entfaltet, alles andere als ungefährlich. In beiden Fällen muss die erhöhte Angreifbarkeit aufgefangen werden durch: Solidarität. In beiden Fällen liegt der Unterschied zwischen Märtyrertod und gestärktem Leben darin, dass sich dem Mutigen Unterstützer beigesellen können. Bei der Erwägung, ob ein solcher Schritt eine aussichtsreiche Option ist, spielt heute die erhöhte Reichweite, Verknüpfungs- und Vermittlungskraft des Netzes mit hinein.

Die Transparenz der eigenen Umstände erhöht aber nicht nur die Auffindbarkeit untereinander. Soweit sie über das eigene Unzufriedensein hinaus auch die Umstände erhellt, die das Unzufriedensein verursachen, unterstützt sie die gemeinsame Analyse der Situation, die es zu verändern gilt. Der Vergleich von Arbeits- und Honorarverträgen, von Arbeitsweisen, von Schwierigkeiten mit Behörden – all das schärft den Blick dafür, was es gemeinsam in welcher Reihenfolge anzugreifen gilt, was üblich ist und was ein Einzelfall, was funktioniert und was nicht. Je umfassender jeder seine Umstände transparent macht, desto umfangreicher ist das gemeinsame Wissen über die Mechanismen, mit denen man es zu tun hat, die man verändern oder für die man sich einsetzen möchte.

Die eigenen Umstände transparent zu machen und damit ihre Bedingungen zu erhellen – das macht diese Bedingungen angreifbar. Arbeitgeber und Behörden wehren sich mit Händen und

Füßen dagegen, dass ihre Schwächen oder Vergehen offengelegt werden. Sie drohen oft wirksam mit Gesetzen und Verschwiegenheitsklauseln; was trotzdem herausgelangt, ist zuweilen nur die Spitze des Eisbergs und kostet diejenigen, die diese Informationen nach außen tragen, schnell den Kragen bzw. den Job.

Trotzdem florieren Portale, in denen anonym Honorare zusammengetragen werden, die dieser oder jener Auftraggeber für diese oder jene Leistung gezahlt hat.[11] Trotzdem geraten immer wieder Verträge und Korrespondenzen, behördliche Interna ans Tageslicht. Es gibt einen allgemeinen Trend zur Post-Privacy und zur Transparenz, den zu kontern zunehmenden Krafteinsatz fordert: Die Schweigsamkeit über die eigenen Lebensumstände oder die eigenen Projekte ist in einer Welt, in der immer mehr Menschen immer mehr von ihrem Leben publik machen, nicht mehr verlässlicher Normalfall, sondern muss explizit eingefordert werden: Eine ausdrückliche Unterlassung wird zum Teil des Tuns, für das ich entlohnt werde. Wer sich den Mund verbieten lässt, sollte zusehen, dass er dafür wenigstens gut bezahlt wird.

Es gibt keine Garantie der Solidarität durch Transparenz. Transparenz erhöht die Zahl der möglichen Anknüpfungspunkte für Solidarität und steigert das möglicherweise solidarisch nutzbare Wissen. Andererseits kann Transparenz auch in Angreifbarkeit umschlagen: Was, wenn ich nicht unterdurchschnittlich, sondern überdurchschnittlich verdiene? Wird dann die Solidarität sich gegen mich wenden – soll ich weniger bekommen und die anderen dafür mehr?

Transparenz kann schlimmstenfalls eher mich angreifbar machen als das, was mir Sorgen bereitet. Transparenz kann meine Privilegien gegenüber den anderen sichtbar machen – und so die Frage nach ihrer Berechtigung aufwerfen. Vergleichende Gerechtigkeit kann mir zum Nachteil gereichen, wenn ich eher oben statt unten stehe.

Was «oben» und «unten» heißt, hängt vom Maßstab ab. Je weiter die Solidarität reichen soll, desto mehr «unten» muss auch als Vergleichswert mit eingerechnet werden. Eine Solidarität unter Topmanagern setzt andere Prioritäten als eine Solidarität, die bis zum Kleinbürgertum oder noch weiter, bis zu den Hartz-IV-Empfängern, oder noch weiter, bis zu den Hungernden in Afrika, reicht.

Und eine Solidarität, die auf Transparenz setzt, setzt letztlich darauf, dass die offengelegten Umstände so weit wie möglich sichtbar werden – nicht nur bis zur Grenze der eigenen Kaste. Was ich selbst als für mich entwürdigend schlechte Bedingungen anprangere, löst bei anderen vielleicht noch Neid aus.

Einerseits suchen wir uns für unsere Solidaritäten natürlich Partner mit denselben Prioritätensetzungen. Andererseits wächst die Schlagkraft der Solidaritäten mit ihrer Reichweite. Wir leben in der Globalisierung und haben es mit globalen Machtverhältnissen zu tun – und die erfordern in vielen Fällen auch globale Solidaritäten. Unsere Solidaritäten brauchen Offenheit, Reichweite und Transparenz, wenn sie mit den Mächten der Globalisierung mithalten sollen. Es kann aber gut sein, dass zu den «Oberen», gegen die sich diese Mechanismen richten, im einen oder anderen Fall auch wir selbst gehören.

Optimierung durch Transparenz

Transparenz öffnet Anschlüsse für Solidarität, verschafft Reichweite und befördert die Kommunikation. Aber sie macht selbstverständlich auch angreifbarer. Sie reißt einige Mauern ein, die wir als Mauern unseres Schutzes verstehen. Diese erhöhte Angreifbarkeit kann zur Schwächung, aber letzten Endes auch zur Stärkung führen.

Die Wissenschaft lebt von der Transparenz ihrer Theorien. Dass Theorien für jedermann einsehbar, überprüfbar und kritisierbar sind, führt zu ihrer fortwährenden Verbesserung. Das wissenschaftliche Ideal ist die totale Nacktheit der Forschung – sodass sie von so vielen Augen wie möglich auf Fehler, auf Verbesserungschancen abgeklopft werden kann.

Dasselbe gilt für das Entwickeln von Software. Die sogenannte «Open Source»-Bewegung verschreibt sich der Transparenz des Codes hinter den Programmen: seiner freien Verfügbarkeit, Kritisierbarkeit, Verbesserbarkeit für jeden Interessierten. Wo tausend Augen draufschauen statt nur zehn, werden Fehler eher entdeckt und behoben.

Das gilt sogar für einen Code, der als Werkzeug zur Geheimnisbewahrung dienen soll: «Security by obscurity», Sicherheit durch Verschleierung, gilt unter Entwicklern von Sicherheits- und Verschlüsselungssystemen als der falsche Weg. Ein entschlossener Hacker lässt sich nicht davon abhalten, dass man das System etwas undurchschaubarer baut. Ist es dagegen für die ganze Welt durchschaubar, wird es auch von der ganzen Welt auf Schwächen abgeklopft und entlang dieser Erfahrungen verbessert. Der entschlossene Hacker tritt nun gegen ein Heer anderer Hacker an, deren Expertise ins System mit eingeflossen ist. Der sicherste Verschlüsselungsalgorithmus ist der, über dessen Verwundbarkeiten sich schon Tausende Mathematiker den Kopf zerbrochen haben.

Transparenz kann reinen Text – Theorien und Codes – verbessern helfen. Aber auch soziale Körper finden Stärke durch Transparenz. Ein Prinzip hierfür habe ich bereits im 5. Kapitel angedeutet: Die Transparente Gesellschaft erkennt durch die Menge ihrer Augen und die Vielfalt ihrer Blickrichtungen mehr Gefahren und Chancen, kann Veränderungen und Komplexitäten besser verarbeiten. Je intransparenter eine Gesellschaft dagegen auch für sich selbst ist, desto blinder wird sie gegenüber ihren eigenen Stärken und Schwächen – und damit desto angreifbarer.

In seinem Buch über die Transparente Gesellschaft benennt David Brin einen überraschenden Kronzeugen für den egoistischen Wert der Transparenz: den amerikanischen Atomphysiker Edward Teller.[12] Der machte sich im Kalten Krieg einen Namen als antikommunistischer Hardliner, der unter anderem seinen Kollegen Robert Oppenheimer durch öffentliche Denunziation wegen pazifistischer Umtriebe ins Karriere-Aus stieß. Teller setzte sich energisch für die nukleare Aufrüstung ein. Aber ebenso energisch wandte er sich gegen die Geheimhaltung militärischer Forschung und Zensur des öffentlichen Wissens. Dass sowjetische Agenten bereits am amerikanischen Zeitungskiosk Details über innenpolitische Kontroversen oder die US-Nuklearforschung herausfinden könnten, diese Gefahr musste hingenommen werden. Dafür besaß Amerika einen freieren Fluss von Wissen und Ideen, ließen sich Fehler früher erkennen und ausbessern, härtete ein kritisches Hinterfragen jede Entwicklung ab. Darin sah Teller strategische Vorteile, die jede sowjetische Spionage wettmachen würden. Der Feind sollte derweil ruhig an seiner Geheimhaltungskultur, seiner Reglementierung von Wissen, seiner Unterdrückung kritischen Denkens ersticken.

Transparenz ist eine oft harte Prüfung. Was diese Prüfung überlebt, geht jedoch gestärkt aus ihr hervor. Wo alles analysiert und kritisiert werden darf, dort gibt es keinen Mangel an Analyse und Kritik, dort werden aber auch schnell alle Verwundbarkeiten durchgearbeitet, bis jede Stelle geprüft, jeder Angriff erprobt worden ist. Am Ende weiß der Körper, der sich transparent gemacht hat, sehr viel genauer, wo seine Stärken und seine Schwächen liegen – worauf er sich verlassen kann und woran er besser noch arbeitet.

Warum sollte Stärke durch Transparenz nicht auch eine Option für den Einzelnen sein? Wer sich der Prüfung durch Transparenz aussetzt, legt damit Scham und Erpressbarkeit ab: Ist der Ruf erst ruiniert, lebt es sich ganz ungeniert. Er öffnet sich aber auch Kritik, Verbesserungsvorschlägen, Hinweisen auf Fallstricke in der eigenen Lebensführung.

Nicht alles davon ist wohlgesonnen oder hilfreich, manches aber schon. Andere sehen mehr als nur ich selbst – das gilt auch für meine eigene Lebensführung, ihre Chancen und Gefahren. Ein Blick von außen auf mich ist ein erweiterter Blick für mich (siehe hierzu auch die Idee des «Quantified Self» im 3. Kapitel). Wenn ich meine Lebensprojekte und meine Probleme meinem Umfeld öffne – einem Umfeld, dessen Intelligenz mit der Reichweite des Netzes zu der des Globus anwächst –, kann es sein, dass ich nützliche Anregungen für mein Vorankommen ernte.

Sich auf diese Weise der Kritik und der Anregung der Welt bis vielleicht noch ins Intimste zu öffnen heißt nicht unbedingt, die eigene Selbstbestimmung aufzugeben. Welchen Vorschlägen ich folge, welche Warnungen oder Kritiken ich ernst nehme, ist letztlich immer noch mir selbst überlassen. In dem Maße, in dem der Input an Bewertungen und Verbesserungsvorschlägen aus dem Rest der Welt zunimmt, müsste ich auch üben, «Nein, das lasse ich so» oder «Diese Meinung interessiert mich nicht» zu sagen.

Zurückhaltung oder Filter?

Post-Privacy öffnet die Büchse der Pandora: Je mehr wir von uns mitteilen, desto mehr werfen wir in die Öffentlichkeit, was dort vermutlich nur wenige interessiert. Vollendete Post-Privacy wirft sorglos alle ungewaschenen Socken, alle unpassenden Intimitäten, alle unüberlegten Gedanken ins gemeinsame Forum. Zu Ende gedachte Post-Privacy verweigert die Selbstzensur entlang von Schicklichkeit, Scham und Rücksichtnahme. Post-Privacy verbannt das Private nicht in die dafür vorgesehenen Räume, sondern stellt es gleichberechtigt mit allem anderen in die Öffentlichkeit.

Aber sind getrennte Bereiche für verschiedene Themen, verschiedene Diskussionsregeln, verschiedene Sitten und Interessen nicht sinnvoll? Sorgt nicht gerade das Wegsperren unpassender Themen dafür, dass wir zivilisiert und gehaltvoll miteinander verkehren? Wird die Öffentlichkeit nicht erst dadurch benutzbar, dass das, was in ihr stören würde, ins Private abgeschoben wird?

Es gibt einen Ansatz, der versucht, das ungezügelte Schnattern der Post-Privacy unbegrenzt zuzulassen und es zugleich erträglich zu halten: die «Filtersouveränität».

Der Ausdruck stammt von dem Blogger Michael Seemann.[13] «Filtersouveränität» bezeichnet die Idee, dass nicht das Reden gezügelt werden sollte, sondern das Zuhören. Nicht das Ausmaß der Mitteilungen soll zielstrebig eingeschränkt werden, sondern ihre Wahrnehmung. Mittel der Wahl ist keine Zensur, die feststellt, was in eine Öffentlichkeit darf oder nicht, sondern mein individueller Filter, der für mein Auge allein alles ausblendet, was ich als störend empfinde.

Zensur und Regeln, was privat ist und was nicht, schränken Verbreitung an der Quelle ein, beschränken die allgemein zugängliche Informationsmenge. Der Filter dagegen setzt erst beim einzelnen Zuhörer an – und beeinträchtigt dadurch weder, was gesagt werden darf, noch, was der Nebenmann in seiner eigenen Auswahl zu hören bekommt.

Der Filter gewährt größte Freiheit des Ausdrucks und größte Individualität der Lektüreauswahl. Die Kehrseite ist, dass er große

Verantwortung auf den Leser ablädt. Der ist nun ganz allein dafür verantwortlich, was er an sich heranlässt, was er ignoriert, was er sich zumutet.

Das Netz stellt viele Filterwerkzeuge bereit. Suchmaschinen sind ein Filter: Sie schneiden mir das Netz auf das zurecht, was ich suche. Die Auswahl der Seiten, die ich ansteuere, ist ein Filter: Was mich anekelt, das lade ich mir auch nicht in meinen Browser. Blogs und Twitter-Profile lassen sich abonnieren und so filtern: Ich lese nur das, was Leute mitteilen, deren Mitteilungen mich interessieren. Mit technischen Basteleien lassen sich solche Filter auch noch verfeinern: Zeige mir nur Mitteilungen an, wenn sie dieses Wort enthalten oder jenes Wort gerade *nicht*.

Die Menge an Daten, die Post-Privacy abwirft, lässt sich dazu verwenden, die Filter zu verbessern und zu kalibrieren. Je mehr jemand von sich mitteilt, desto mehr Daten habe ich, anhand derer mein Filterprogramm entscheiden kann, ob mich seine gegenwärtigen Mitteilungen interessieren könnten: Zeige mir nur an, was Herr Meyer schreibt, wenn er gut gelaunt ist; blende alles aus, was er schreibt, wenn er sich gerade betrunken hat.

Nur durch Algorithmen lässt sich die Filterherausforderung aber noch nicht lösen. Es braucht vor allem auch den Willen zum Filtern. Es erfordert Selbstdisziplin, das Zügeln der eigenen Neugier, den festen Entschluss, bestimmte Sachen nicht an sich heranzulassen.

Wenn wir auf Filtersouveränität setzen, befreien wir unsere Mitmenschen aus der Verantwortung, sich aus Rücksichtnahme uns gegenüber zu zügeln. Sie können alles rauslassen: Dummheiten, spontane Kurzschlüsse, Ekelerregendes. Post-Privacy kann an Menschen, die wir schätzen, unschöne Seiten hervorkehren. Das macht aus ihnen nicht unbedingt schlechtere Menschen, aber es stellt uns vor Filterherausforderungen. So sehr wir diese Menschen auch schätzen: Als Filtersouveräne müssen wir lernen, dass wir uns nicht alles von ihnen anhören müssen – und sie gelegentlich einfach ausblenden.

Wird es üblich, dass die Leser filtern und nicht die Quelle oder der Herausgeber, kann einiges Hässliches an die Oberfläche gelangen, was bisher nur tief unten brodelte: Rassismus, Sexismus, Hass.

Was der daran Uninteressierte filtersouverän ausblendet, wird umso zugänglicher für den, der es gezielt sucht. Das ist einerseits ein Problem: Dann filtere ich mir halt mein rassistisches Weltbild zusammen. Aber auch wer Jagd auf Rassismus macht, findet ihn nun leichter, um ihn zu bekämpfen. Der Einzelne kann Unschönes leichter ausblenden; das heißt nicht unbedingt, dass es in der Breite und Vielfalt der Interessen aller ebenso ignoriert wird.

Gerade wenn wir uns selbst transparent machen, ziehen wir durch unsere Andersheiten oder Schwächen sicher viele Spötteleien und Anfeindungen auf uns. Filtersouveränität kann ein Mittel sein, um diesen Zufluss abzudämpfen. Aber Dinge bewusst nicht an sich herankommen zu lassen ist auch eine Kunst, die geübt werden muss. Sie ist keineswegs neu: Schon antike Lebensphilosophien wie der Stoizismus arbeiteten an psychologischen Verfahren, mit denen man sich angewöhnen sollte, auf Übles mit Schulterzucken statt mit Aufregung zu reagieren. So soll sich Cato der Jüngere, ein angesehener römischer Senator, absichtlich in Unterschichtskleidung durchs öffentliche Leben bewegt haben – um sich unter dem Spott der Umwelt eine allgemeine Gleichgültigkeit gegenüber dem Urteil der Menschen anzutrainieren.[14] Vielleicht können wir uns ja davon etwas abschauen.

Toleranz

OkCupid ist ein Testlabor der Post-Privacy, eine kleine utopische Insel. Die schon im ersten Kapitel vorgestellte Flirt-Börse erfasst nicht nur die Antworten ihrer Nutzer auf Tausende teils höchst intimer Fragen (größtenteils von der Nutzerschaft selbst ausgedacht) über innere Einstellung, sexuelle Gewohnheiten, körperliche Hygiene, illegale Aktivitäten. Sie macht vor allem seit ihrem Entstehen immer mehr die Antworten der Nutzer diesen untereinander sichtbar.

Zeigst du mir deins, zeig ich dir meins: Nutzer können jede ihrer Antworten «öffentlich» schalten. Das heißt nicht unbedingt, dass jeder Besucher meines Profils diese Antwort sehen kann, aber zumindest jeder Nutzer, der dieselbe Frage beantwortet und ebenfalls «öffentlich» geschaltet hat: gegenseitige Entblößung auf Augenhöhe. Und da gerade die Antworten zu den peinlichsten Fragen die Neugier am stärksten anstacheln, sind das zugleich die Antworten, die dem stärksten Druck unterliegen, «öffentlich» geschaltet zu werden.

So verbringt der OkCupid-Nutzer seine Stunden damit, Fragen über sein Intimleben «öffentlich» zu beantworten und die Intimleben Hunderter anderer über ihre Antworten zu studieren – von Menschen aus der eigenen Stadt bis zu solchen auf anderen Kontinenten. Ein reizvolles Spiel bei Profilen Fremder. Ein noch reizvolleres Spiel aber bei Profilen von Menschen, die man bereits aus dem analogen Leben kennt. Eines der Motive, im Freundeskreis von dem Dienst zu schwärmen, ist denn auch die Vorfreude darauf, dass die Freunde einem ihre bisher unbekannteren Seiten entblößen.

Spannender als die Entdeckungen, welche Fragen man auf dieselbe Weise beantwortet, sind überraschende Unterschiede und Inkompatibilitäten. Wie, du bist für die Illegalität von Marihuana? Was, du glaubst an Gott? Du hattest schon mal gleichgeschlechtlichen Sex? Nicht jede Antwort muss ernst genommen werden; aber wer nur Scherzantworten gibt, dem liefert der Dienst auch keine kompatiblen Personenvorschläge.

So entfaltet sich langsam ein komplexeres Bild von den eigenen Mitmenschen. Bisherige Annahmen passen nicht mehr, müssen neu austariert werden. Erstaunlich, dass man so gut miteinander kann, wo doch in diesem oder jenem empfindlichen Punkt eine beträchtliche Meinungsverschiedenheit herrscht. Man fragt nach und erhält unerwartete Erklärungen.

Gleichzeitig bietet sich die Möglichkeit, das Intim- und Innenleben zahlloser Fremder ausgiebig zu studieren. Peinliche Themen wirken plötzlich nicht mehr so peinlich, wenn man merkt, dass man mit der einen oder anderen vermeintlichen Eigentümlichkeit oder Schwäche gar nicht so allein ist. Es entwickelt sich ein Gespür, wie verbreitet bestimmte private Ansichten oder intime Gewohnheiten gerade auch in anderen Umfeldern und sogar bei ganz anderen kulturellen Gruppen sind.

OkCupid ist umgekehrte Öffentlichkeit: ein Ort, wo die Menschheit alles ausbreitet und miteinander vergleicht, was gewöhnlich ins

Schweigen des Privaten verdammt ist. Das ergibt einerseits eine Menge unerwarteter Gemeinsamkeiten oder doch zumindest: Erträglichkeiten bei denen, die ich für ganz anders und unduldbar hielt, und andererseits Verschiedenheiten und Brüche gerade bei denen, die ich mir gleich glaubte.

OkCupid ist nur ein kleines Labor und sicher keine repräsentative Auswahl der Menschheit. Aber es ist ein Hoffnungsschimmer, dass eine gegenseitige Entblößung der Menschen nicht unbedingt im Horror enden muss. Warum sollte eine Anordnung wie OkCupid nicht eher die gegenseitige Toleranz fördern als den gegenseitigen Vernichtungswillen? Es untergräbt Erwartungen und Klischees, macht die Einschätzung von Menschen und Gruppen untereinander wesentlich differenzierter.

Toleranzförderung ist wahrscheinlich nicht das bewusste Ziel von OkCupid. Tatsächlich setzt der Dienst mit seinen Algorithmen Menschen in Nähe und Ferne zueinander. Für jede Frage gebe ich nicht nur meine eigene Antwort an, sondern auch, welche Antworten ich bei meinem Wunschpartner tolerieren würde. Zu jedem Profil zeigt OkCupid mir einen Prozentwert der persönlichen Kompatiblität an, errechnet daraus, wie sehr die Antworten dieser Person meinen solcherart gesetzten Ansprüchen genügen. Über jeder Person steht also ein Warnzeichen, wie gut sie mir nach ihren Antworten gefallen dürfte oder nicht: Filtersouveränität gegenüber Menschen.

So findet sich in der umfassenden Verdatung der Personen und ihrer Kompatiblitäten nicht nur ein Mittel, um einander besser kennen zu lernen, sondern auch, um einander zielgenauer aus dem Weg zu gehen. Allerdings ohne Zwang: Filtersouveränität verlangt, dass ich mich für oder gegen meine Filter entscheiden und sie jederzeit verändern kann. Es kann auch Spaß machen, auf OkCupid Leute mit katastrophal niedrigen Kompatibilitätswerten herauszusuchen und anzuschreiben. Beide Seiten wissen, dass sie ihren selbstgesetzten Kriterien nicht genügen – und prüfen durch Konversation, wie gut diese Kriterien tatsächlich vorhersagen, dass man einander nicht ausstehen kann.

Ein Dienst wie OkCupid verengt nicht den eigenen Willen, mit anderen Menschen zu interagieren: Er vergrößert die Zahl an Auswahlkriterien, nach denen man sich richten kann, aber nicht muss. Die Prozentzahl über dem Profilbild ist bloß ein weiterer anwählbarer Filter neben denen, die wir ohnehin schon in unserem Kopf tragen. Er wirkt als Gegengewicht zur Filterung von Personen über die Schönheit ihrer Fotos oder über die Qualität ihrer Selbstbeschreibungstexte. Er vergrößert die Menge der Punkte am anderen, die mich abstoßen oder mich anziehen. Er erhöht die Zahl der Richtungen, von denen aus ich mit anderen in Kontakt treten oder vor ihnen flüchten kann.

Eine naheliegende Befürchtung gegenüber der Post-Privacy lautet: Sie würde uns einander widerlich machen. Sie würde all die Inkompatibilitäten zwischen uns hervorkehren, die wir bisher in unserem Beisammensein unterdrückt haben. Sie würde Freunde einander unausstehlich machen, sobald sie ihre wahren Gedanken über die Welt und über einander kennen. Und tatsächlich: Post-Privacy hält sicherlich viele Irritationen bereit für unsere Annahmen über unsere Mitmenschen. Aber wenn wir lernen, dass unsere Freunde dies oder das sind, was wir bisher verachteten, dann folgt daraus nicht unbedingt, dass wir unsere Freunde verachten lernen. Genauso gut kann die Folge sein, dass wir unsere Kriterien der Verachtung ändern und unser Menschenbild offener, lockerer gestalten.

Post-Privacy kann Vertrauen schaffen. Wie vieles finden wir bedrohlich, weil es sich unserem Verständnis, unserer Einschätzbarkeit, unseren Blicken entzieht? Ich habe im vorhergehenden Kapitel behauptet, Wissen schaffe ein Gefühl der Kontrolle. Vielleicht lässt sich auch sagen: Wissen verringert das Gefahrenpotential, das rein spekulativer Natur ist. Furcht resultiert oft aus Ungewissheit, die mit den schlimmsten Vermutungen ausgefüllt wird. Wir wissen wenig über diese oder jene Volksgruppe, über ihren Alltag, über ihre Interessen, über ihre Organisiertheit. Aber wir wissen, dass einer, der ihr angehörte, einen Terroranschlag verübte. Wenn das das Einzige ist, was wir wissen, dann wird es unser Bild über diese Volksgruppe bestimmen: Wissenslücken füllen wir mit Vermutungen, und natürlich gründen diese Vermutungen auf einem solchen Einzelfall, wenn er unser einziger Anhaltspunkt ist.

Entgrenzung des Einzelnen

Der Wert des Privaten[15] – so heißt ein Buch der Philosophin Beate Rössler. Sie reagiert darin auf Jahrzehnte der Kritik, der Dekonstruktion, der Infragestellung des Privaten – vor allem seitens der Frauenbewegung. Rössler teilt viele der feministischen Bedenken über die Politik des Privaten. Sie erkennt an, dass das Private mehr auszuhandelnde gesellschaftliche Konvention ist als ein Naturgesetz. Trotz allem aber sieht sie im Privaten einen hohen Wert, den es zu verteidigen gilt: Privatsphäre ist für sie der Raum, in dem wir lernen, uns als selbstbestimmte Individuen zu sehen. Und selbstbestimmte Individuen sind schließlich das, was eine liberale Demokratie von ihren Bürger verlangt zu sein. Rössler steht damit in einer langen Tradition. Privatsphäre spielt oft eine wichtige Rolle in politischen Entwürfen, die auf die Selbstbestimmtheit des Einzelnen setzen – vor allem in der Schule des Liberalismus.

Doch auf die Selbstbestimmtheit des Einzelnen zu setzen ist keineswegs selbstverständlich. Es gibt auch Schulen, in denen der Einzelne wenig zählt. Kollektivistische Systeme betrachten den Einzelnen nur als austauschbare Zelle eines größeren Körpers: der Klasse, des Volkes, der Rasse. Die Interessen des Einzelnen zählen nichts, die des Kollektivs alles. Persönliche Privatsphäre wird in solchen Entwürfen eher angefeindet als eingefordert.

Der Kollektivismus hat nicht zu Unrecht einen schlechten Ruf, was die Freiheit des Lebens unter ihm betrifft. Um dessen Vielfältigkeiten in Blöcke wie «Volk» oder «Klasse» zu zwängen, muss ziemlich viel an Selbstbestimmtheiten, Verschiedenheiten, Eigenheiten in der Bevölkerung gleichgeschaltet oder ausgemerzt werden. Notfalls wird die Gleichgerichtetheit der Menschen mit gröbster Gewalt, mit Umerziehungslagern und der Ermordung von Abweichlern erzwungen.

Der Individualismus scheint sehr viel mehr Freiheit zu gewähren. Dass unsere Welt Unterschiedlichkeiten beherbergt, verschiedenste Interessen und Bewegungsrichtungen, dafür ist sehr viel mehr Raum, wenn die Welt aus vielen kleinen, eigenständigen Teilen bestehen darf. Statt in grobe, große, träge Blöcke unterteilt der

Individualismus uns in viele kleine, flinke Atome. Ihre einheitliche Form ist der selbstbestimmte Einzelne. Und entspricht diese Form nicht auch viel stärker unserem Selbstverständnis als die austauschbare Zelle in einem einheitlichen Kollektiv?

Offenkundig sind wir einzelne, voneinander getrennte Körper mit jeweils eigenem Kopf. Und meist begreifen wir uns auch als eigenständige Wesen, mit klarer Trennung zwischen uns und der Welt, angetrieben nicht von unserer Rolle in einem Kollektiv, sondern von unserem Ich.

Auf den zweiten Blick kann dieses Selbstbild aber ein wenig ins Wanken geraten: Neigen wir nicht gelegentlich zum Rudelverhalten? Gehen wir nicht ganz gern einmal in einer gröhlenden Menge auf? Sind wir nicht anfällig für Massenpsychologie und lassen uns durch unsere Umwelt manipulieren? Ganz eigenständig lässt sich unser Verhalten nie nennen: Wir sind anhänglich und beeinflussbar. Wir können ohne menschliche Kontakte rasch seltsam im Kopf werden. Wir funktionieren nicht als Insel: Jeder Mensch hängt mit anderen Menschen zusammen. Wir sind soziale Wesen. Ein richtiges Selbstbild können wir ohne die Bestätigung durch andere gar nicht entwickeln.

Bis zu einem gewissen Maß funktionieren wir vielleicht als etwas, das sich als «selbstbestimmtes Individuum» beschreiben lässt. Aber ganz sauber und vollständig trifft der Begriff uns nicht. Weder sind wir hundertprozentig selbstbestimmt noch hundertprozentig individuell. Auch der Individualismus muss ein klein wenig an uns herumdoktern, damit wir in seine Form passen – wenn auch sicher nicht mit der Brutalität, die der Kollektivismus dafür benötigt. Beim Einpassen in die Form und das Selbstbild des Individualismus können bestimmte Techniken helfen. Nicht nur Rössler erkennt als eine solche Technik die Privatsphäre.

In der feministischen Theorie wird die Idee des selbstbestimmten Individuums heftig kritisiert. Politische Entwürfe, die diese Vorstellung zu ihrem Eckpfeiler erklären, denken dabei nämlich traditionell vor allem an den männlichen Bürger. Dessen Selbstbestimmtheit fußt darauf, dass die aufzehrenden Haushaltsaufgaben daheim von seiner Ehefrau erledigt werden. Den Stolz des selbstbestimmten Individuums kann der Bürger nur beanspruchen, wenn er seine Abhängigkeit von der Arbeit anderer ausblendet.

Die Grenzziehung der Privatsphäre erledigt nach feministischer Theorie dieses Ausblenden. Sie ist das Messer, das alles abschneidet, was nicht ins Bild des selbstbestimmten Individuums passt: Haus- und Kindererziehungsarbeit, aber auch zwischenmenschliche Anhänglichkeiten. Die Öffentlichkeit ist nur die Oberfläche, an der wir frei und einzeln wirken; darunter, im Privaten, sind wir in zahllose Fremdbestimmungen und Abhängigkeiten verstrickt. Privatsphäre ist der Ort, wohin das abgeschoben wird, was die Illusion vom selbstbestimmten Individuum stören könnte.

Für Rössler dagegen entsteht das selbstbestimmte Individuum nicht durch Ausblendung der Privatsphäre, sondern gerade in dieser. Mag sein, dass wir gar nicht wirklich unabhängig von der Welt sind. Aber es ist wichtig, dass es einen Bereich in der Welt gibt, den wir als unseren eigenen betrachten. Als unser Eigenes betrachten wir, was wir unter unserer Kontrolle glauben: die Räume, in die nur der gelangt, den wir hineinlassen; jene unserer Entscheidungen, die niemand ungefragt kommentiert; das Wissen über uns, das wir der Welt nur ausgewählt mitteilen.

Wenn es einen solchen Bereich gibt, der meiner Kontrolle unterliegt, dann weiß ich: Hier ist mein Eigenes. Hier kann ich herauslesen und entwickeln, was ich bin. Hier entsteht mein Bild von meinem Selbst. Ich erkenne dieses Selbst als das meine, weil es in einem Bereich entsteht, der nicht von irgendjemandem bestimmt wird, sondern von mir. Das Selbst ist eigenständig gegenüber der Welt, eingegrenzt von der individuellen Privatsphäre. «Der Wert des Privaten»: Es macht mir begreiflich, wo ich als Einzelner aufhöre und die restliche Welt anfängt.

Solche Ideen machen vielleicht das Unbehagen begreiflich, das ein Zerfall der Privatsphäre bei vielen Menschen ganz unabhängig von handfesten Bedrohungen auslöst. Mit unserer Privatsphäre droht auch unser Selbstverständnis zu stürzen: Die Grenze zwischen unserem Eigenen und der Welt drumherum verschwimmt. Der Glaube an unsere Selbstbestimmtheit und unsere Individualität wird angegriffen von Algorithmen, die unser Verhalten aus Umweltfaktoren und Statistik vorhersagen. Unsere Abhängigkeiten und Fremdbestimmungen werden sichtbar, der Wandel unseres Verhaltens je nach Umfeld, unser gelegentlicher Gleichschritt mit anderen. Je tiefer die Sensoren und die Berechnungen der Post-Privacy in unser Leben eindringen, desto mehr schrumpft der Bereich, über den wir allein die Deutungshoheit besitzen – und damit der Bereich, über den wir uns als unser eigener «Autor» begreifen.

Aber was verlieren wir damit genau? Doch eigentlich nur die Illusion einer Eigenständigkeit, die wir nie hatten, und einer Abgeschlossenheit gegenüber der Welt, der wir nie unterlagen. Wir verlieren auch ein Selbst, von dem wir glaubten, es hätte sich in Unabhängigkeit von der Welt entwickelt. Bei näherem Hinsehen offenbart sich nun, dass dieses Selbst nur eine ziemlich wahllose Durchlassstation für alle möglichen Einflüsse von außen war.

Wir sehen also, dass wir sehr viel mehr Teil der Welt sind, als wir bisher dachten. Was unser Verhalten und unser Denken bestimmt, liegt nun offenkundig weiter verstreut als nur in einem eng umgrenzten Selbst. Wir können uns vielleicht nicht mehr ganz so einfach als unseres eigenen Glückes Schmied begreifen. Aber dafür müssen wir uns auch nicht mehr ganz so sehr für unser eigenes Unglück verantwortlich machen, uns in unserer persönlichen Schuld vergraben, unsere Probleme auf unseren unzureichenden Charakter schieben. Auf der Suche nach Gründen für unsere Probleme und nach Hebeln zu ihrer Behebung können wir unseren Blick jetzt weiterschweifen lassen als nur bis zu unserem Gartenzaun.

Die Auflösung der Privatsphäre entgrenzt vielleicht unser Selbstverständnis in einer Weise, dass das Förmchen «selbstbestimmtes Individuum» nicht mehr ganz so gut auf uns passt. Das heißt aber nicht, dass wir uns als Alternative für den Kollektivismus entscheiden, wie ich ihn oben skizziert habe. Dessen grobklotzige Einteilung der Welt passt noch viel weniger auf das, was Post-Privacy als soziale Wirklichkeit sichtbar macht. Wir sind ja, auch in der Menge, gerade keine monotone Gleichheit. Wir sind als Gesellschaft ein Durcheinander, ein komplexes Gewebe, sehr vielfältig, sehr veränderlich, ohne allmächtigen Mittelpunkt. Eine sehr viel bessere Metapher für das, was wir sind, wäre nach «Kollektiv» und «Individuum» vielleicht: wie das Internet.

Post-Privacy verdeutlicht, dass wir nicht unabhängig, isoliert funktionieren. Das nimmt uns aber nicht notwendigerweise unsere Verschiedenheit oder Beweglichkeit. Nur sind unsere Bewegungen und Verschiedenheiten jetzt weniger die streng abgegrenzter Individuen. Unsere Form ist kein geschlossener Kreis mehr, bei dem das Innere wir sind und das Äußere der Rest der Welt; wir sind eher ein sich verändernder Schnittpunkt vieler weit ins Globale reichender Achsen: unserer Neigungsfamilien, unserer Interessen und Veranlagungen, die wir jeweils mit vielen anderen teilen. Welche Achsen das sind, die an unserem Punkt zusammentreffen, kann aber immer noch sehr verschieden und wechselhaft, «individuell» ausfallen.

Post-Privacy reißt einige der Mauern ein, die uns voneinander trennen. Das erhöht den möglichen Informationsdurchfluss zwischen uns. Es bedeutet aber nicht, dass alles ineinander fließen und dadurch gleich werden muss: Filtersouveränität beispielsweise kann ein Mittel sein, um Informationsflüsse abzuwehren, mit denen wir keinen Kontakt wünschen. Die neue Lockerheit unserer Grenzen erleichtert das spontane Knüpfen weitreichender Solidaritäten in alle Richtungen – aber es muss sich ja nicht jeder für die gleichen Solidaritäten entscheiden.

Post-Privacy erlaubt uns ein Selbstverständnis, das weiter reicht als nur bis zu unserem Bauchnabel. Sie erweitert unseren Blick für die Bedingungen und die Reichweite unserer Eigenschaften, Probleme, Projekte. Sie zerschmettert vielleicht unser bisheriges Selbstbild. Sie ermöglicht uns aber auch neue Selbstbilder: entlang unserer größeren Verknüpftheit mit und Reichweite in der Welt.

7. ABWÄGUNGEN

In seinem Buch über die Transparente Gesellschaft (siehe Kapitel 5) erwägt David Brin, ob sich die Privatsphäre nicht doch noch retten lasse, und zwar gerade durch die totale Transparenz: Wenn ich alles und jeden beobachten kann – kann ich dann nicht auch beobachten, wer mich beobachtet? Könnte ich dann nicht jeden maßregeln, der mir zu sehr hinterherspioniert? Ließe sich so nicht eine gesellschaftliche Norm durchsetzen, sich nicht gegenseitig in die Schlafzimmer zu spähen, selbst wenn das technisch möglich ist?

Eine solche Selbstbeschneidung einer Transparenten Gesellschaft ist nur ein Szenario unter mehreren, wie Privatsphäre trotz aller Annahmen dieses Buches fortbestehen könnte. Vielleicht nicht unbedingt in einer «klassischen» Form (die es sowieso nie ganz gab), aber in einer Form, unter der mir zumindest teilweise die Kontrolle über die Blicke in meinen «eigenen» Raum erhalten bleibt.

Vielleicht könnten neue Techniken entstehen, um Geheimnisse noch besser wegzuschließen – im Umfeld der Verschlüsselungstechnologie beispielsweise. Vielleicht erlaubt ausufernde Überwachung, die Anarchie des Netzes doch noch zu bändigen – und alle Privatsphärenverletzungen darin mit einem «digitalen Radiergummi» zu jagen. Vielleicht greifen Datensilos wie Facebook immer mehr um sich, die persönliche Daten unter sich fesseln und ihren Nutzern umfangreiche Privatsphäreneinstellungen erlauben. Vielleicht kommt doch noch der von Datenschützern erhoffte gesamtgesellschaftliche Bewusstseinswandel gegen die Post-Privacy. Vielleicht setzt die UNO doch noch den «globalen Datenschutz» durch, von dem der Bundesdatenschutzbeauftragte träumt. Vielleicht gelangt das Projekt «Internet» auch an ein Ende, weil unter Wirtschaftskrisen, Kriegen und Naturkatastrophen die Moderne zusammenbricht.

Es gibt zu viele unbekannte Variablen, um die Zukunft genau vorherzusagen. Wir können versuchen, Trends auszumachen und weiterzudenken. Aber jeder Trend kann unvorhergesehen zu einem

Stopp gelangen. Ich hoffe gezeigt zu haben, dass der Trend zur Auflösung der Privatsphäre ein mächtiger ist. Es gibt viele Interessen und Kämpfe gegen diesen Trend – aber im Großen und Ganzen wirken sie zahnlos. Doch darin liegt noch kein Garant für einen ungebrochenen Siegeszug der Post-Privacy.

Hier und heute führen wir unser Leben in einem Spannungsfeld zwischen Post-Privacy als einem Trend, der gerade zunimmt, und der Privatsphäre als einem Trend, der gerade im Schwinden begriffen ist. Im Augenblick hat beides Macht über uns, bestimmt unsere Möglichkeiten. Weder können wir uns der Post-Privacy ganz entziehen – es sei denn, wir kehren der Welt vollständig den Rücken. Noch können wir schon heute die totale Transparenz ausrufen – weder ist die Technik so weit, noch scheint die Kultur hinreichend vorbereitet auf das, was «totale Transparenz» bedeuten könnte.

Deshalb stehen wir oft ganz praktisch und kurzfristig vor der Frage: Privat oder öffentlich? Wieviele Daten werfe ich von mir aus den Datenfressern in den Rachen? Verhalte ich mich lieber zurückhaltend und unsichtbar, oder suche ich die Sichtbarkeit, die Reichweite?

Im Zweifel für die größere Auswahl

Mit der Privatsphäre sind viele Formen, Ideen und Techniken entstanden, entlang derer wir uns und unsere Freiheiten in den letzten Jahrhunderten entwickelt haben (siehe Kapitel 2). Sie haben das Inventar unserer Möglichkeiten, zu handeln, zu denken und uns zu erfinden, bereichert. Der Trend zur Post-Privacy setzt diese Mittel unter Druck: Sie müssen sich verwandeln oder werden stumpf, nutzlos, unbrauchbar. Das ist bedauerlich, soweit es unsere Auswahl an Werkzeugen und Freiheiten verkleinert. Andererseits zeichnen sich mit diesem Trend auch vielfältige neue Möglichkeiten ab, die unseren Werkzeugkasten bereichern (siehe Kapitel 3): neue Techniken des Sehens, Denkens, Begreifens; neue Techniken des Selbst, der Sozialität, sogar des politischen Handelns (siehe Kapitel 6).

Zur einen Seite wird unser Werkzeugkasten leerer, zur anderen voller. Jedes Werkzeug, das wegfällt, ist für sich ein Verlust für unsere Wahlfreiheit. Jedes, das hinzukommt, ist für sich ein Gewinn. Nicht jeder Gewinn gleicht jeden Verlust aus. Zuweilen lohnt es sich, den Fortbestand eines Mittels, einer Freiheit energisch zu verteidigen. Letztlich sollten wir aber eher die Gesamtsumme unserer Möglichkeiten im Auge behalten, als alles auf die Verteidigung eines Status Quo zu setzen.

Datenschutzgesetze und Persönlichkeitsrechte verteidigen Privatsphäre und «informationelle Selbstbestimmung». Sie tun das mit obrigkeitsstaatlichen Mitteln. Sie verhalten sich dabei nicht neutral zu den neuen Möglichkeiten der Datenwelt – ihre Verteidigung der alten Freiheiten bedeutet oft einen sehr direkten Angriff auf die neuen. Um einen bestimmten Status Quo der alten Freiheiten zu halten, müssen sie ihren Krafteinsatz gegen die neuen immer weiter steigern (siehe Kapitel 4).

Wie erfolgreich diese Versuche sein werden, darüber lässt sich noch kein abschließendes Urteil sprechen. Jedenfalls sollten wir nicht nur ihren Erfolg beim Schutz der alten Freiheiten im Auge behalten, sondern auch ihre einengende Wirkung für die neuen. Die Gesamtmenge unserer Möglichkeiten, die Größe unseres Freiheitsraums – werden sie durch diese Kämpfe eher gesteigert oder eher gehemmt, vielleicht sogar verringert? Dass diese Frage oft nicht akut scheint, liegt vielleicht nur am faktischen «Vollzugsdefizit» des Datenschutzes. Lohnt es sich, neue Freiheiten einzuschränken, nur um eine Schutzmauer um die alten zu ziehen? Wohlgemerkt: um alte Freiheiten, die schon aus anderer Richtung (Geheimdienste, Überwachungsstaat) längst ausgehöhlt werden.

Es gibt aber auch andere Techniken der Privatsphäre und, gewissermaßen, des Datenschutzes im Netz. Anonymität, Pseudonymität und der persönliche Gebrauch von Verschlüsselungstechnologie setzen weniger auf Gesetze zu ihrer Durchsetzung, sondern eher auf den individuellen Einsatz technischer Mittel. Hinter ihnen stehen keine Gewaltmonopole, keine anwaltlichen Drohungen, keine Vorschriften ans restliche Netz, was es darf und was nicht. Wenn diese Techniken jemanden einschränken, dann in erster Linie denjenigen, der sie benutzt. Sie zwingen dem übrigen Netz keine neuen

Kontrollstrukturen auf, im Gegenteil: Sie bestehen auf den Freiheiten eines Netzes, das Datenflüsse gleich welcher Gestalt durchwinkt.

Die Politik, Privatsphäre durch staatliche Regulierung zu verteidigen, und die Politik, sich persönliche Verfahren zur Privatsphäre anzueignen – beides schlägt sich ganz unterschiedlich in den Bilanzen der Freiheit nieder. Mit dem einen können viele Post-Privacy-Techniken eher gar nicht friedlich koexistieren, mit dem anderen dagegen recht gut.

Die Fronten verlaufen nicht einfach zwischen einer Politik der Privatsphäre und einer Politik der Datenentfesselung: Gerade den großen Freunden der Datenregulierung, den Rechtssystemen und den Datensilos, ist beispielsweise Anonymität oft ein Dorn im Auge. Soziale Netzwerke wie Facebook oder Google Plus werben nicht nur mit der Möglichkeit zu Privatsphäreneinstellungen – sie verlangen von ihren Nutzern auch Klarnamen. Und der Staat, der Persönlichkeitsrechte im Netz durchsetzen will, bekämpft zugleich die Anonymität, denn er will, dass jede Äußerung im Netz sich auf eine strafrechtlich verfolgbare Person festnageln lässt. Persönlichkeitsrecht und Persönlichkeitspflicht scheinen in beiden Fällen Hand in Hand zu gehen.

Die Vielzahl der Werkzeuge und Taktiken, die uns zur Verfügung stehen, lassen sich also gar nicht in einfache Fronten oder eindeutige Präferenzregeln aufteilen. Welches Werkzeug wie gut für welchen Zweck taugt und mit welchem anderen Werkzeug produktiv zusammenarbeitet, das bleibt im Fluss – auch wenn sich größere Trends ausmachen lassen. Wer einen Trend als mächtig zu erkennen glaubt, kann so mutig sein, sich in seinen Taktiken und Strategien ganz an diesem auszurichten. Aber das ist eine Entscheidung, die letztlich jeder für sich selbst treffen muss.

Das heißt nicht, dass jeder Einzelne autonom festlegen kann, ob ihn die Zukunft eher in Richtung Privatsphäre oder Post-Privacy treibt. Die Welt, die uns umgibt, bestimmt die Bandbreite unserer Auswahl und die Wirksamkeit unserer Entscheidungen. Weder können wir uns ganz auf unsere persönliche Kontrolle verlassen. Noch bringt es uns weiter, wenn wir uns ganz auf unserer Ohnmacht ausruhen.

Persönliche Praxis

Fürs persönliche Leben möchte ich einen vorsichtigen, aber anerkennenden Umgang mit dem Trend zur Post-Privacy vorschlagen. So sie denn mit großer Sicherheit auf uns zusteuert, müssen wir wohl oder übel lernen, mit ihr umzugehen; dann müssen wir irgendwann über Taktiken der Abwehr und Verneinung hinausdenken und in ihren Gewässern schwimmen lernen. Aber wir brauchen uns nicht sofort ohne Notseil ins offene Meer stürzen. So lange es noch ein bisschen Privatsphäre, noch ein bisschen Datenschutz gibt, können wir erst einmal mit unseren Fußspitzen in die Post-Privacy hineinfühlen, mit Schwimmflossen üben, uns schrittweise mit ihrer Tiefe vertraut machen. Fatal wäre es aber, sich ganz darauf zu verlassen, dass wir langfristig trocken bleiben können.

Solch vorsichtiges Vorantasten kann geschehen durch ein Ausprobieren in kleinen, harmlosen Dingen und ein Austesten von Risikopotentialen. Wir müssen ja nicht gleich eine Webcam auf unserer Toilette installieren; aber sicher schadet es nicht, zu lernen, wie ein offenes und öffentliches Auftreten uns den einen oder anderen neuen Pfad in die Welt bereitet: Einen Twitter-Account anlegen und erproben, was für eine Kommunikation mit der Menschheit dadurch möglich wird. Nicht bei jedem Problem voller Scham davor zurückschrecken, was das Umfeld darüber denken könnte, sondern Freunde oder größere Kreise um Rat fragen. Mal öffentlich und gerade auch gegenüber engstirnigen Mitmenschen zu einer unpopulären Meinung stehen. Auf OkCupid mit der Welt ein paar Runden «zeigst du mir deins, zeig ich dir meins» bezüglich intimer Fragen spielen (siehe Kapitel 6) – wenn auch erst einmal unter Pseudonym.

Es geht also darum, sich in harmlosen Fragen, punktuell, probeweise in die Post-Privacy zu begeben – und auszutesten, was passiert, wo sich Fallen auftun und wo Chancen. Was passiert denn eigentlich, wenn ich meine Meinung mal etwas offener sage, wenn ein Foto meiner Hausfassade im Netz landet oder gar meine Kontonummer? (Tipp: Üblicherweise erlauben Banken die Rückbuchung ungenehmigter Lastschriften.) Wo das Auftreten von Problemem naheliegt, sollte man überlegen, wie sie sich anders als mit Versteckspielen angehen lassen. Ehrlichere, offenere Kommunikation ist nicht die Lösung für alle Probleme, aber doch für mehr Probleme als oft gedacht.

Ein solches Experimentieren mit Post-Privacy kann langfristig mutiger machen im offenen Umgang mit den eigenen Daten – und einem auf diese Weise viele neue Wege, Techniken, Solidaritäten auftun. Gleichzeitig sollte klar sein: Ein zu weit um sich greifendes Schaffen von Post-Privacy treibt den Trend nicht nur für einen selbst, sondern auch für das eigene Umfeld voran. Gelegentlich lohnt sich ein Nachdenken, ob und wie weit man die eigene Leichtfertigkeit auch anderen aufnötigen möchte. Die Verschiedenheit der Sorgen und Vorsichtigkeiten zwischen Menschen ist nicht nur eine Verschiedenheit des Mutes – sie ist auch eine zwischen sehr unterschiedlichen Gefahrensituationen und Abhängigkeiten. Mancher hat durch unerwartete Enthüllungen einen Job zu verlieren, eine Familie oder sein Leben.

Das heißt nicht, das Experimentieren mit der Post-Privacy – das ab einem gewissen Maß zwangsläufig das eigene Umfeld mehr oder weniger aufhellt – aus Rücksichtnahme ganz zu unterlassen. Nur sollte gerade der Post-Privacy-Mutige, der das Risiko für sich selbst als hinnehmbar einschätzt, auch sehr genau durchdenken, wie viel Risiko er den anderen zumuten möchte. Es kann sogar Gründe geben, zu outen. Aber ob sie vorliegen, das sollte wohlüberlegt sein.

Die Machtfrage

Bei alledem dürfen wir nicht vergessen, dass unsere Privatsphäre so oder so massiv bedrängt wird, nämlich von oben. Was jenen mit Macht, Geld, Gewalt an Mitteln zur Verfügung steht, um Wissen über uns zu sammeln, wächst und wächst. Gesetze dagegen sind Papiertiger: Autoritäre Staaten machen ohnehin, was sie wollen, und liberale Staaten geben zumindest ihren Geheimdiensten Narrenfreiheit. Private Unternehmen eilen in ihrem Tun der Gesetzgebung um Jahre voraus und flüchten sich notfalls ins Ausland oder ins Kriminelle.

Ich habe im 5. Kapitel erörtert, wie Macht sich des Ungleichgewichts von Wissen bedienen kann. Wir sollten uns überlegen, was wir einem solchen Ungleichgewicht entgegensetzen können. Wenn wir schon unsere Überwachung nicht aufhalten können, ist die Ausweitung der Gegenüberwachung das Mindeste – ein Projekt, für das wir den Trend zur Post-Privacy leicht auf unsere Seite ziehen können.

Zwingen wir der Macht also ruhig schonungslos Transparenz auf: Filmst du mich, film ich dich. WikiLeaks, «Open Data» (siehe Kapitel 3), das Twittern aus geschlossenen Sitzungen – all das untergräbt Wissensmonopole und macht jene nackt, die uns nackt machen. Wir sollten Teilhabe am wachsenden Wissen fordern und es in die Richtungen erweitern, die uns nützen. Was die Mächte an Wissen über uns sammeln, darauf verdienen nicht nur sie, darauf verdienen auch wir Zugriff. Ihre geschlossenen Datenbanken und verriegelten Aktenschränke – all das gehört angegriffen, aufgerissen, ob nun durch Rechtsvorschriften oder durch Hackerkollektive. Wenn der Staat dabei hilft, umso besser; aber wenn wir auf Zugeständnisse durch den Informationsfreiheitsbeauftragten der Bundesregierung warten müssen, warten wir lange.

Deshalb sollten wir von oben kommenden Projekten der Regulierung, der Zügelung, der Verknappung von Informationsfluss misstrauen. Wenn eine Macht ein Monopol auf Wissen erhält, stärkt das diese Macht und schwächt den Rest. Der Staat mag Gesetze zum Respekt vor Geheimnissen erlassen, aber er wird deshalb noch lange nicht seine Spitzel und Abhörmikrofone einsammeln. Stattdessen schafft er sich so Mittel, um Gegenüberwachung, um ein Durchsetzen der Transparenz von unten anzugreifen.

Misstrauen verdienen sogar Loblieder auf die persönliche Privatsphäre, soweit sie autoritäre Maßnahmen zur Regulierung und Unterdrückung von Informationsflüssen rechtfertigen sollen. Dass Behörden Transparenz verweigern mit Verweis auf die informationelle Selbstbestimmung; dass Datenschutz die Freiheiten des Netzes bekämpft; dass Polizisten sich Videoaufnahmen ihrer Arbeit mit Berufung auf ihr Persönlichkeitsrecht verbitten – das sollte uns lehren, dass persönliche Privatsphäre keine anti-autoritäre Garantie ist. Sie kann genauso gut für die Macht arbeiten wie gegen sie.

Das heißt nicht, dass wir der persönlichen Privatsphäre rundheraus den Krieg erklären müssen, wenn wir für Transparenz eintreten. Wir müssen nicht unbedingt die radikalste Variante der Transparenten Gesellschaft auf unsere Fahnen schreiben. Es lohnt sich, immer wieder nachzuprüfen, welche Undurchsichtigkeiten zum Mittel der Macht gegen uns werden – und welche Undurchsichtigkeiten nach wie vor ein Mittel zur Abwehr der Macht darstellen, das zu verteidigen sich noch eine Weile lohnt. Vielleicht stellen wir bei dieser regelmäßigen Prüfung sogar fest, dass wir bei unserem Kampf um Transparenz viel wesentlichere Machtfaktoren vernachlässigen: Vergessen wir nicht, dass Wissen an sich noch keine Macht ist.

Es gibt einen Trend, der viele Mächte bedroht: die Anarchie des Netzes. Sie erschüttert Staaten und Industrien, entfesselt das Wissen nach allen Seiten, ermächtigt die Vielen statt der Wenigen. Wenn wir einen Sockel für unsere Freiheiten suchen, dann lohnt es, sich hier umzusehen. Und wir sollten allem skeptisch gegenüberstehen, was diese Anarchie in Ordnung, Regelbarkeit, Übersichtlichkeit zurückzuverwandeln sucht – seien es nun staatliche oder kommerzielle Interessen.

Risiko

«Wir sollten besser vorsichtig sein, denn wir wissen nie, was kommt.» Mit Sätzen wie diesem raten Datenschützer davon ab, sich allzu großzügig der Welt mitzuteilen. Mag sein, dass die Gefahren der Verdatung für uns im westlichen Alltag eher theoretischer Natur sind; mag sein, dass wir es uns hier und heute leisten können, recht offen mit unseren Andersheiten, Normabweichungen, Fehlern umzugehen. Wir leben in einer mehr oder weniger freiheitlichen, toleranten Gesellschaft. Aber: Wird das immer so bleiben?

Gern verweisen Datenschützer auf die Machtergreifung der Nationalsozialisten, die die Weimarer Republik ins Dritte Reich überführte, und auf die Länder, die von den Nazis im «Blitzkrieg» unterworfen wurden und deren Bevölkerungen sich plötzlich nicht mehr in ihrem eigenen, sondern einem ganz anderen System wiederfanden. Wissen und Daten, die zuvor einigermaßen harmlos schienen, wurden nun mörderisch: wer homosexuell, wer jüdisch, wer Kommunist war. Datenschützer ziehen daraus die Moral: Die freieren Gesellschaften haben in ihrer Mitteilungsfreude und in ihren Aufzeichnungen die Bevölkerung für die Vernichtungspläne der NS-Diktatur unbeabsichtigt vorsortiert.

Ist es angesichts eines solchen Szenarios nicht ratsam, vorsichtig zu sein? Sollten wir nicht lieber geheimhalten, was künftige Machthaber gegen uns auslegen könnten? Sollten wir besser nicht zu laut und stolz unsere Andersheiten zu Markte tragen?

Aber Vernichtungswille und Ideologie lassen sich von Versteckspielen und Geheimhaltungen nur geringfügig abbremsen. Es ist wahr, dass die Nazis auf Vorarbeiten früherer Mächte zurückgriffen: Amtsakten, Volkszählungen, Kirchenregister. Gleichzeitig holte ihre Bürokratie aber mit größtem Eifer die Arbeit nach, wo das vorhandene Material nicht ausreichte. Das ideologische, rassistische, auf Vernichtung ausgerichtete Interesse der Nazis wurde nicht einfach von dem Wissen befriedigt, das da war. Die Nazis setzten alles in Bewegung, um sich sehr rasch auch ihr eigenes Wissen aufzubauen.

Es genügte ihnen keineswegs, dass die vorhergehende Volkszählung erfasst hatte, wer sich zum jüdischen Glauben bekannte. Der Nazi-Apparat fahndete nach wesentlich mehr als nach einer Glaubensgemeinschaft: Er fahndete nach einer Rasse, die biologisch-erblich definiert wurde. Neben «Glaubensjuden» galt es jetzt, «Rassejuden» zu identifizieren, gerade auch dort, wo sie sich zu Christen assimiliert hatten. Die Akten, die Register früherer Jahrzehnte wurden gewälzt, um Konversionen, jüdische Eltern und Großeltern aufzudecken. Die Nazis entwickelten eine eigene Wissenschaft davon, was einen Juden ausmachte, wie man ihn erkennen konnte, welcher Anteil «jüdischen Blutes» einen Halb-, Viertel- oder Dreivierteljuden ergab. Die Nazis legten keine geheime jüdische Essenz in der Bevölkerung frei, die sich hätte verstecken können. Sie erfanden sich aus ihrer eigenen Ideologie eine jüdische Identität, die sich in den verfügbaren Daten nachzeichnen ließ.[1]

Gegen eine solche Macht, die um jeden Preis diskriminieren, klassifizieren, identifizieren und ihre Rassismen in der Bevölkerung nachzeichnen will, helfen Anpassung, Zurückhaltung und Versteckspiele nur sehr begrenzt. Notfalls erfindet sich ihr Vernichtungswille die Bevölkerungsgruppe, an der er sich austoben kann. Mit etwas Glück trifft es nicht mich, sondern die anderen; aber wenn sich zu wenige finden, um den Bedarf nach Aussonderung zu decken, setzt sich die Macht eben neue Suchkriterien – die ich unmöglich alle vorausplanen kann.

Es ist möglich, sich vorauseilend zu ducken vor Gewalten, die in der Zukunft einmal kommen könnten. Es verschafft vielleicht ein Sicherheitsgefühl. Aber sehr viel tatsächliche Sicherheit steckt hinter diesem Gefühl nicht. Vorauseilendes Ducken führt vor allem zu einem: dass man schon hier und heute so lebt, als wäre die Diktatur längst über uns gekommen.

Doch mit Duckmäusertum und Flucht ins Verborgene lässt sich keine Freiheit verteidigen. Gibt es eine gesellschaftliche Freiheit, dann muss sie auch laut und stolz in Anspruch genommen, immer wieder neu behauptet und ausgereizt werden. Sich zu verstecken und den Mund zu halten, das kann unter den Bedingungen von Diktatur, Diskriminierung und Intoleranz eine überlebensnotwendige Taktik sein. Aber wer es vorauseilend tut, der wartet diese Umstände nicht nur ab, der arbeitet ihnen durch seine Zurückhaltung vielleicht sogar zu.

Utopie und Dystopie

Vermutlich bin ich in diesem Buch an vielen Stellen etwas zu sehr ins Optimistische, ins Utopische verfallen, wenn es um die Chancen der Post-Privacy ging: neue Möglichkeiten der Solidarität, Infragestellung von Machtverhältnissen, Science-Fiction-Technologien zur Unsterblichkeit, Neugestaltung des Menschenbildes. Aus solchen Beschwörungen lassen sich leicht überhöhte Heilsversprechen zimmern. Eine große Gegendosis Skepsis kann angesichts dessen nicht schaden.

Wenn sich unsere Privatsphäre nach und nach auflöst, dann wird uns das sicher nicht nur neue Möglichkeiten eröffnen, sondern viele Sorgen bereiten. Aber: Sorgenfrei war unser Leben noch nie. Viele Probleme werden von der Privatsphäre nur gedämpft, aber nicht gelöst. Wenn wir morgen umso schonungsloser mit ihnen konfrontiert werden, müssen wir sie wohl sehr viel direkter angehen. Für neue Probleme neue Lösungen finden – wenn es eine Konstante gibt, die den Menschen ausmacht, dann diese Fähigkeit. Schon immer haben wir aus dem Wandel der Welt nicht nur unsere neuen Herausforderungen bezogen, sondern auch neue Mittel zu ihrer Bewältigung.

Allzu optimistische Erzählungen von dem, was morgen kommt, erweisen sich voraussichtlich als falsch: Utopien haben sich noch nie ganz sauber verwirklicht. Ihr negatives Gegenstück, die Dystopien, aber auch noch nie. Falls wir morgen in der Post-Privacy aufwachen – dann vermutlich weder im Paradies noch in George Orwells *1984*.

DANK

Dieses Buch entstand unter Hilfe und Input durch viele. Ich kann hier nur wenige nennen. Ich danke meinen Eltern für größte praktische und moralische Unterstützung; und dafür, wie sie den werdenden Text mit ihren eigenen Erfahrungshintergründen begleiteten. Für Ermutigung, überhaupt anzufangen, danke ich Anja Krieger, Moritz Metz und vor allem Kathrin Passig, die mir bei meinen ersten Schritten Richtung Buchmarkt half und das Werden des Textes mit viel Probelesen und einflussreichen Hinweisen begleitete. Für umfangreiches Probelesen, Kommentieren und Kritisieren danke ich auch Nils Dagsson Moskopp, Geraldine Arndt und Jens Ohlig. Hilfreiche Blicke auf entstehende Teile des Textes warfen zudem Julia Seeliger, Änne Nehls, Fiona Krakenbürger, Katrin Wagner und Matthias Rampke, der mir mit strenger Kritik half, eine besonders kritische Stelle halbwegs tauglich zu klopfen. Ich danke meinem Agenten Uwe Heldt, der mich von meiner ersten Konzeptskizze über eine Rohfassung des ersten Kapitels bis zum Kontakt mit dem Verlag C. H. Beck begleitete; dort danke ich vor allem Raimund Bezold und Andreas Wirthensohn fürs Lektorat. Kathrin Ganz und Kai Denker gaben mir wichtige Literaturhinweise. Carmen von der Uni Bielefeld ermahnte mich, hoffentlich rechtzeitig, bei aller Mühe um Vernünftigkeit das Utopisieren nicht zu vergessen. Wichtige Denkprozesse steuerte der Austausch mit der «Post-Privacy-Spackeria» bei, sowie mit Michael Seemann, der hoffentlich bald sein eigenes Buch schreibt. Mirjam Schaubs Seminar «Intimität und der Wert des Privaten» im Wintersemester 2005/06 an der FU Berlin legte Grundsteine, von denen aus das Thema in mir reifte. Außerdem danke ich Gesprächspartnern aus dem Datenschutzumfeld, vor allem Ralf Bendrath und Christian Pfeiffer; ich hoffe, bei aller Verschiedenheit der Sichtweisen findet sich auch für sie Interessantes im Text.

ANMERKUNGEN

1. Das Ende der Privatsphäre

1 Peter Schaar, *Das Ende der Privatsphäre. Der Weg in die Überwachungsgesellschaft*, München 2009.
2 Pär Ström, *Die Überwachungsmafia. Das gute Geschäft mit unseren Daten*, München 2005.
3 Sandro Gaycken, Constanze Kurz (Hrsg.), *1984.exe. Gesellschaftliche, politische und juristische Aspekte moderner Überwachungstechnologien*, Bielefeld 2008.
4 Ilija Trojanow, Juli Zeh, *Angriff auf die Freiheit. Sicherheitswahn, Überwachungsstaat und der Abbau bürgerlicher Rechte*, München 2009.
5 Anne-Catherine Simon, Thomas Simon, *Ausgespäht und abgespeichert. Warum uns die totale Kontrolle droht und was wir dagegen tun können*, München 2008.
6 Franz Kotteder, *Die wissen alles über sie. Wie Staat und Wirtschaft ihre Daten ausspionieren – und wie Sie sich davor schützen*, München 2011.
7 Constanze Kurz, Frank Rieger, *Die Datenfresser. Wie Internetfirmen und Staat sich unsere Daten einverleiben und wir die Kontrolle darüber zurückerlangen*, Frankfurt/M. 2011.
8 Google bietet diese Dienstleistung unter dem Namen «Google Latitude» an: http://latitude.google.com
9 Siehe «Blippy»: http://blippy.com
10 Selbstdarstellung von wer-kennt-wen, Stand Juni 2011: http://www.wer-kennt-wen.de/static/presse/
11 «Facebook: Die Welt im Überblick (April 2011)», *SocialMediaSchweiz*: http://www.socialmediaschweiz.ch/Facebook_-_Die_Welt__Update_April_2011_.pdf
12 Selbstdarstellung von Twitter, Stand Juni 2011: http://business.twitter.com/basics/what-is-twitter
13 Carolyn Y. Johnson, «Project ‹Gaydar›«, *The Boston Globe*, 20.9.2009: http://www.boston.com/bostonglobe/ideas/articles/2009/09/20/project_gaydar_an_mit_experiment_raises_new_questions_about_online_privacy/
14 Selbstdarstellung von OkCupid, Stand Juni 2011: http://blog.okcupid.com/
15 Christian Rudder, «The Democrats Are Doomed, or How A ‹Big Tent› Can Be Too Big», *oktrends*, 30.3.2010: http://blog.okcupid.com/index.php/the-democrats-are-doomed-or-how-a-big-tent-can-be-too-big/
16 Chris Coyne, «Rape Fantasies and Hygiene By State», *oktrends*, 25.6.2010: http://blog.okcupid.com/index.php/rape-fantasies-and-hygiene-by-state/

17 Christian Rudder, «Gay Sex vs. Straight Sex», *oktrends*, 12. 10. 2010: http://blog.okcupid.com/index.php/gay-sex-vs-straight-sex/
18 Siehe die jeweiligen Datenschutzerklärungen.
Google: http://www.google.de/intl/de/privacy/privacy-policy.html
Amazon: http://www.amazon.de/gp/help/customer/display.html/ref=footer_privacy?ie=UTF8&nodeId=3312401
Facebook: http://www.facebook.com/policy.php
19 Susan Su, «Facebook Now Reaches 687 Million Users – Traffic Trends, and Data at Inside Facebook, June 2011 Edition», 10. 6. 2011: http://www.insidefacebook.com/2011/06/10/facebook-now-reaches-687-million-users-traffic-trends-and-data-at-inside-facebook-gold-june-2011-edition/
20 Nick Burcher, «Facebook usage statistics 1st April 2011 vs April 2010 vs April 2009», *NickBurcher.com*, 5. 4. 2011: http://www.nickburcher.com/2011/04/facebook-usage-statistics-1st-april.html
21 James Grimmelmann, «Facebook and the Social Dynamics of Privacy», 2008: http://www.scribd.com/doc/9377908/Facebook-and-the-Social-Dynamics-of-Privacy
22 «We're quitting Facebook»: http://www.quitfacebookday.com/
23 «FAQ about Gmail, Security & Privacy»: http://mail.google.com/support/bin/answer.py?hl=en & answer=1304609
24 Kai Biermann, «‹Wir müssen den öffentlichen Raum im Netz verteidigen›», *ZEIT ONLINE*, 10. 8. 2010: http://www.zeit.de/digital/datenschutz/2010-08/streetview-jens-best
25 Christian Moravcik, «Twittern im Augsburger Stadtrat verboten», *Politisches aus dem Augsburger Stadtrat*, 18. 12. 2009: http://moravcik.wordpress.com/2009/12/18/twittern-im-augsburger-stadtrat-verboten/
26 Florian Kalenda, «SPD erteilt Abgeordneten Twitter-Verbot», ZDNet.de, 28. 5. 2009: http://www.zdnet.de/news/digitale_wirtschaft_internet_ebusiness_spd_erteilt_abgeordneten_twitter_verbot_story-39002364-41004664-1.htm
27 Marcel Berndt, «Twittern im Gerichtssaal ist juristische Grauzone», *Wirtschaftswoche*, 15. 9. 2010: http://www.wiwo.de/politik-weltwirtschaft/twittern-im-gerichtssaal-ist-juristische-grauzone-441472/
28 Jürgen Rüttgers im Jahr 1996, laut: Konrad Lischka, «Phrasen-Kritik: Das Internet ist kein rechtsfreier Raum», *SPIEGEL ONLINE*, 26. 6. 2009: http://www.spiegel.de/netzwelt/web/0,1518,632277,00.html
29 Diese Dynamik wird in der Netzkultur «Streisand-Effekt» genannt. Für eine Erläuterung, siehe Wikipedia: http://de.wikipedia.org/wiki/Streisand-Effekt
30 Riva Richmond, «Stolen Facebook Accounts for Sale», *The New York Times*, 2. 5. 2010: http://www.nytimes.com/2010/05/03/technology/internet/03facebook.html
31 David Harrison, «Government's record year of data loss», *Telegraph.co.uk*, 6. 1. 2008: http://www.telegraph.co.uk/news/newstopics/politics/1574687/Governments-record-year-of-data-loss.html

32 Kevin Poulsen, «Chat Log: What It Looks Like When Hackers Sell Your Credit Card Online», *Wired*, 4. 5. 2011: http://www.wired.com/threatlevel/2011/05/carders/
33 Kevin Poulsen, Kim Zetter, «U.S. Intelligence Analyst Arrested in Wikileaks Video Probe», *Wired*, 6. 6. 2010: http://www.wired.com/threatlevel/2010/06/leak/
34 Matthias Gebauer, John Goetz, Hans Hoyng, Susanne Koelbl, Marcel Rosenbach, Gregor Peter Schmitz, «Enthüllung brisanter Kriegsdokumente: Die Afghanistan-Protokolle», *SPIEGEL ONLINE*, 25. 7. 2010: http://www.spiegel.de/politik/ausland/0,1518,708 311,00.html
35 Scott Shane, Andrew W. Lehren, «Leaked Cables Offer Raw Look at U.S. Diplomacy», *The New York Times*, 28. 11. 2010: http://www.nytimes.com/2010/11/29/world/29cables.html
36 Diesen Trend bezeichnet man als das «Mooresche Gesetz». Für eine Erläuterung, siehe Wikipedia: http://de.wikipedia.org/wiki/Mooresches_Gesetz

2. Eine kleine Geschichte des Privaten

1 Zu Bedeutung und Verhältnis beider Begriffe siehe «Res Publica» in: Raymond Geuss, *Public Goods, Private Goods*, Princeton 2001. Sowie: Georges Duby, «Private Macht, öffentliche Macht», vor allem S. 19–20, in: Georges Duby (Hrsg.), *Geschichte des privaten Lebens, Bd. 2: Vom Feudalzeitalter zur Renaissance*, Frankfurt/M. 1990.
2 Paul Veyne, «Das Private im Öffentlichen» in: Paul Veyne (Hrsg.), *Geschichte des privaten Lebens*, Bd. 1: *Vom Römischen Imperium zum Byzantinischen Reich*, Frankfurt/M. 1989.
3 Paul Veyne, «‹Arbeit› und Muße» in: Veyne.
4 Zur Beschreibung der römischen Familie und ihres Haushalts, siehe Paul Veyne, «Von der Wiege bis zur Bahre», «Ehe», «Hausgemeinschaft und Freigelassene» in: Veyne.
5 Zur öffentlichen Funktion des «privaten» Lebens in Rom, siehe Paul Veyne, «Zensur und Utopie» in: Veyne.
6 Zur Vermischung von Öffentlichem und Privatem in Haushalt und Architektur römischer Familienhäuser, siehe Yvon Thebert, «Privates Leben und Hausarchitektur in Nordafrika» in: Veyne.
7 Paul Veyne, «Vergnügen und Exzeß» in: Veyne.
8 Yvon Thebert, «‹Öffentliche› und ‹private› Räume» in: Veyne.
9 Veyne, S. 81.
10 Peter Brown, «Die ‹vornehmen› Wenigen» in: Veyne.
11 Zum Unterschied zwischen dem lateinischen Begriff des Privaten und der daneben aufkommenden christlichen Innerlichkeit, siehe «The Spiritual and the Private» in: Geuss.
12 Peter Brown, «Person und Gruppe in Judentum und Frühchristentum», «Das Wagnis der Wüste» in: Veyne.

13 Für diese Sichtweise, siehe Michel Rouche, «Das Private dringt in Staat und Gesellschaft ein» in: Veyne.
14 Für eine ausgiebige Beschreibung des Prozesses, siehe Chris Wickham, *The Inheritance of Rome. A History of Europe from 400 to 1000*, London 2010.
15 Zu den mittelalterlichen Gemeinschaften und dem Aufgehen in ihnen siehe Duby, vor allem: Georges Duby, «Gemeinschaftsleben».
16 Danielle Régnier-Bohler, «Die Erfindung des Selbst» in: Duby.
17 Fürs Stadt-Leben in der Renaissance, siehe Charles de La Ronciere, «Gesellschaftliche Eliten an der Schwelle zur Renaissance» und Philippe Braunstein, «Annäherungen an die Intimität: 14. und 15. Jahrhundert» in: Duby.
18 Zur Beschreibung der Häuser, siehe «Intimacy and Privacy» in: Witold Rybczynski, *Home. A Short History of an Idea*, London 1987. Sowie: de La Roncière, «Gesellschaftliche Eliten an der Schwelle zur Renaissance», Philippe Braunstein, «Annäherungen an die Intimität: 14. und 15. Jahrhundert», Philippe Contamine, «Bäuerlicher Herd und päpstlicher Palast: 14. und 15. Jahrhundert» in: Duby. Sowie «Von der mittelalterlichen zur modernen Familie» in: Philippe Ariès, *Geschichte der Kindheit*, München 1978.
19 Zur Veränderung bildlicher Darstellungen, der Kultur des stillen Lesens und dem Einzug der religiösen Meditation in den Haushalt, siehe: Philippe Braunstein, «Annäherungen an die Intimität: 14. und 15. Jahrhundert» in: Duby.
20 Siehe hierzu auch: Roger Chartier, «Die Praktiken des Schreibens» in: Roger Chartier (Hrsg.) *Geschichte des privaten Lebens*, Bd. 3: *Von der Renaissance zur Aufklärung*, Frankfurt/M. 1991.
21 Siehe Ariès.
22 Ideen hierzu finden sich bei Jacques Gelis, «Die Individualisierung der Kindheit» in: Roger Chartier (Hrsg.), *Geschichte des privaten Lebens*, Bd. 3: *Von der Renaissance zur Aufklärung*, Frankfurt/M. 1991.
23 Siehe die Bemerkungen zur Truhe bei Rybczynski, S. 25.
24 Zur Entwicklung der städtischen Häuser und ihres Inneren, siehe vor allem: «Intimacy and Privacy» in: Rybczynski und «Von der mittelalterlichen zur modernen Familie» in: Ariès.
25 «Commodity and Delight» in: Rybczynski.
26 «Ease» in: Rybczynski.
27 Siehe hierzu vor allem die Ideen der englischen Evangelikalen, beschrieben von Catherine Hall, «Trautes Heim» in: Michelle Perrot (Hrsg.), *Geschichte des privaten Lebens*, Bd. 4: *Von der Revolution zum großen Krieg*, Frankfurt/M. 1991.
28 Lynn Hunt, «Französische Revolution und privates Leben» in: Perrot.
29 «Das Private und das Öffentliche» in: Ellen Krause, *Einführung in die politikwissenschaftliche Geschlechterforschung*, Opladen 2003.
30 Michelle Perrot, «Funktionen der Familie» in: Perrot.
31 Michelle Perrot, «Der Triumph der Familie» in: Perrot.

32 Siehe hierzu Richard Sennett, *The Fall of Public Man*, London 1986. Darin vor allem «Personality in Public». Auch eines der zentralen Themen von Michel Foucault, *Sexualität und Wahrheit*, Bd. 1: *Der Wille zum Wissen*, Frankfurt/M. 1983.
33 «Die Einpflanzung von Perversionen» in: Foucault 1983. Auch: Alain Corbin, «Das Geheimnis des Individuums» in: Perrot.
34 Alain Corbin, «Schreie und Flüstern» in: Perrot.
35 Sennett, S. 182.
36 Sennett, S. 167, S. 182.
37 Linda Simon, *Dark Light. Electricity and Anxiety from the Telegraph to the X-Ray*, Orlando 2004, S. 279–280.
38 Geuss, S. 105.
39 Samuel D. Warren, Louis D. Brandeis, «The Right to Privacy» in: *Harvard Law Review* Vol. 4, No. 5 (Dec. 15, 1890), S. 193–220.
40 Zur Bewertung der Wohnsituation der Unterschicht und die daran angeschlossenen Reformprojekte, siehe: Roger-Henri Guerrand, «Private Räume» in: Perrot.
41 Siehe Antoine Prost, Gérard Vincent (Hrsg.), *Geschichte des privaten Lebens*, Bd. 5: *Vom Ersten Weltkrieg zur Gegenwart*, Frankfurt/M. 1993. Darin vor allem den rapiden Wandel der Situation italienischer Unterschichtsfamilien beschrieben bei Chiara Saraceno, «Die italienische Familie: Masken der Herrschaft, Wunden der Autonomie».
42 Zur Privatsphäre als Gegenstand des Ideologie-Kampfes, siehe die «Introduction» (und dort insbesondre S. 7–8) bei Paul Betts, *Within Walls. Private Life in the German Democratic Republic*, Oxford 2010.
43 Für eine liberale Argumentation, das Private sei als Freiheitsraum des Individuums an sich schon hinreichend legitimiert, siehe: Wolfgang Sofsky, *Verteidigung des Privaten. Eine Streitschrift*, München 2007. Sofsky wendet sich zum Beispiel auf S. 153 ausdrücklich gegen Rössler (siehe Kapitel 6) in ihrem Versuch, die Privatsphäre des Einzelnen mit Verweis auf höhere Güter zu rechtfertigen, weil er in diesem Versuch die Gefahr sieht, das Private mit politisch-moralischen Aufgaben zu belasten.
44 Michelle Perrot, «Der Triumph der Familie» in: Perrot.
45 Siehe z. B. Judith Jarvis Thomson, «The Right to Privacy» in: *Philosophy and Public Affairs*, Vol. 4, No. 5 (Summer 1975), S. 295–314. Auch Geuss ist eine Kritik dieser Art.
46 Für eine Charakterisierung der verschiedenen Kontroversen um den Begriff und einen Versuch, ihn definitorisch zu retten, siehe Beate Rössler, *Der Wert des Privaten*, Frankfurt/M. 2001.
47 William R. Manchester, *A World Lit Only by Fire*, Boston 1992, S. 21 postuliert zum Beispiel «the medieval man's total lack of ego. Even those with creative powers had no sense of self.»
48 Gerard Vincent, «Der Körper und das Rätsel der Sexualität» in: Prost/Vincent.

49 Alain Corbin, «Das Geheimnis des Individuums» in: Perrot.
50 «Die Anreizung zu Diskursen» in: Foucault 1983.
51 Philippe Braunstein, «Annäherungen an die Intimität: 14 und 15. Jahrhundert» in: Duby. Auch: Madelaine Foisil, «Die Sprache der Dokumente und die Wahrnehmung des privaten Lebens» in: Chartier.

3. Die Entfesselung der Daten

1 Mit Daten als «Währung» argumentiert zum Beispiel das Kapitel «Bezahlen Sie mit Ihren guten Daten» in: Constanze Kurz, Frank Rieger, *Die Datenfresser*, Frankfurt/M. 2011.
2 Zur Formalisierung von Verdatung entlang von Normen und Rastern siehe Michel Foucault, *Überwachen und Strafen. Die Geburt des Gefängnisses*, Frankfurt/M. 1977, insbesondere das Kapitel «Die Mittel der guten Abrichtung».
3 Siehe Kapitel 1, Fußnote 36 zum «Mooreschen Gesetz».
4 Zu den Entstehungsgeschichten von Unix und C, siehe «Origins and History of Unix, 1969–1995» in: Eric S. Raymond, *The Art of Unix Programming*, Boston 2003; online unter: http://www.faqs.org/docs/artu/index.html – sowie: Dennis M. Ritchie, «The Development of the C language» in: Thomas J. Bergin, Jr., Richard G. Gibson, Jr. (Hrsg.), *History of Programming Languages vol. II*, New York/Boston 1996; online unter: http://cm.bell-labs.com/cm/cs/who/dmr/chist.html
5 «Google Ngram Viewer»: http://ngrams.googlelabs.com/
6 Die Abkürzung steht für «Application programming interface» – was darauf verweist, dass APIs prinzipiell natürlich auch für Anderes genutzt werden können statt nur das Abfragen von Daten.
7 David Allen, *Wie ich die Dinge geregelt kriege. Selbstmanagement für den Alltag*, München 2002.
8 «Random disorganized thoughts on WarComp.org, WearCam.org, UTWCHI, funtain and Steve Mann's Personal Web Page/research»: http://wearcam.org/
9 Sharon Gaudin, «Total Recall: Storing every life memory in a surrogate brain», *Computerworld*, 2. 4. 2008: http://www.computerworld.com/s/article/9074439/Total_Recall_Storing_every_life_memory_in_a_surrogate_brain
Alec Wilkinson: «Remember This? A project to record everything we do in life», *The New Yorker*, 28. 5. 2007: http://www.newyorker.com/reporting/2007/05/28/070528fa_fact_wilkinson
Clive Thompson, «A Head For Detail», *Fast Company*, 1. 11. 2006: http://www.fastcompany.com/magazine/110/head-for-detail.html
10 «Quantified Self: Self Knowledge Through Numbers»: http://quantifiedself.com/
11 Robin Barooah, «The false god of coffee», *Quantified Self*, 19. 10. 2009: http://quantifiedself.com/2009/10/the-false-god-of-coffee/

12 Chris Anderson, «The End of Theory: The Data Deluge Makes the Scientific Method Obsolete», *Wired*, 23.6. 2008: http://www.wired.com/science/discoveries/magazine/16-07/pb_theory
13 So die Wortprägung in einer Antwort auf Anderson: Kevin Kelly, «The Google Way of Science», *The Technium*, 28.6. 2008: http://www.kk.org/thetechnium/archives/2008/06/the_google_way.php
14 Charles Stross, *Accelerando*, New York 2005. Im Volltext online unter: http://www.antipope.org/charlie/blog-static/fiction/accelerando/accelerando-intro.html
15 http://earth.google.com/rome/
16 «Sci-fi inspires Augmented Reality», *Reuters*, 21.1. 2011: http://www.reuters.com/video/2011/01/21/sci-fi-inspires-augmented-reality?videoId=179268625
17 Twitter/@SamuelPepys: http://twitter.com/samuelpepys
18 Siehe zum Beispiel Ole Neugebauer, «Wir müssen reden», *Financial Times Deutschland*, 12.4. 2007: http://www.ftd.de/forschung_bildung/forschung/:Wir/185311.html
19 «MyCyberTwin – Chat to George»: http://www.mycybertwin.com/george
20 «John Lennon Artificial Intelligence Project»: http://johnlennonproject.com/
21 «That can be my next tweet»: http://yes.thatcan.be/my/next/tweet/
22 Siehe das «Blue Brain Project»: http://bluebrain.epfl.ch/
23 Für weitere Ausführungen zum Begriff siehe: Martine Rothblatt, «What Are Mindfiles?», IEET, 2.4. 2009: http://ieet.org/index.php/IEET/more/rothblatt20090402/
24 «The long-term goal is to test whether given a comprehensive database, saturated with the most relevant aspects of an individual's personality, future intelligent software will be able to replicate an individual's consciousness.» Zitat aus der LifeNaut-FAQ, Stand Juli 2011: http://lifenaut.com/mindfile/faqs/
25 «The purpose of CyBeRev is to prevent death by preserving sufficient information about a person so that recovery remains possible by foreseeable technology.» Zitat aus der CyBeRev-FAQ, Stand Juli 2011: http://cyberev.org/cmr/prospective/faq.aspx

4. Die Fesselung der Daten

1 Der nationale «Privacy Act» von 1974 regelt nur staatliche Datenbanken. Auf der Ebene einzelner Bundesstaaten gibt es immerhin den kalifornischen «Online Privacy Protection Act» von 2003. Der verlangt von Webdiensten, eine «privacy policy» öffentlich zu machen, damit die Nutzer sich informiert für oder gegen die Teilnahme an einem Dienst entscheiden können.
2 Für eine Übersicht zur amerikanischen Rechtsgeschichte in Sachen «privacy», siehe: Doug Linder, «The Right of Privacy: Is it Protected by the

Constitution?», *Exploring Constitutional Law*, Stand Juli 2011: http://law2.umkc.edu/faculty/projects/ftrials/conlaw/rightofprivacy.html

3 «Der Datenschutz hat in Hessen eine lange Tradition. Im Jahr 1970 wurde das Hessische Datenschutzgesetz als erstes Datenschutzgesetz der Welt geschaffen.» Zitat Hessisches Ministerium des Innern und für Sport: http://www.hessen.de/irj/HMdI_Internet?cid=6f321fe2e5aca033c1f7bfe5890df8f0

4 Dies ist kein wörtliches Zitat, aber es vollzieht zum Beispiel die Argumentationslinie nach von: Götz Aly, Karl Heinz Roth, *Die restlose Erfassung. Volkszählen, Identifizieren, Aussondern im Nationalsozialismus*, Frankfurt/M. 2000.

5 Bundesverfassungsgericht, Urteil vom 15. Dezember 1983/BverfgGE 65, 1 – Volkszählung.

6 Stefan Krempl, «Peter Schaar: Big Brothers härtester Gegner», *Financial Times Deutschland*, 6.11.2003: http://www.ftd.de/politik/deutschland/:peter-schaar-big-brothers-haertester-gegner/1067671008789.html

7 Christian Rath, «Zwei Wochen lang alles speichern», *taz.de*, 12.11.2010: http://www.taz.de/1/politik/schwerpunkt-ueberwachung/artikel/1/zwei-wochen-lang-alles-speichern/

8 Andreas Wilkens, «Aigner meldet sich bei Facebook ab», *heise online*, 3.6.2010: http://www.heise.de/newsticker/meldung/Aigner-meldet-sich-bei-Facebook-ab-1015067.html

9 Kurz/Rieger S. 270.

10 Siehe «Ist die Privatsphäre noch zu retten?» in: Peter Schaar, *Das Ende der Privatsphäre. Der Weg in die Überwachungsgesellschaft*, München 2009.

11 Thomas Stadler, «Einbindung des Facebook ‹Like-Buttons› nicht datenschutzkonform», *Internet-Law: Onlinerecht und Bürgerrecht 2.0*, 23.7.2010: http://www.internet-law.de/2010/07/einbindung-des-facebook-like-buttons-nicht-datenschutzkonform.html

12 Jens Ihlenfeld, «Warum Google Analytics in Deutschland illegal ist», *golem.de*, 26.1.2011: http://www.golem.de/1101/80990.html

13 Ekkehard Kern, «Beim Cloud Computing drohen gefährliche Lücken», *Welt Online*, 2.3.2011: http://www.welt.de/wirtschaft/webwelt/article12680570/Beim-Cloud-Computing-drohen-gefaehrliche-Luecken.html

14 Die Empörung ist groß, wenn doch mal «kleine» Seiten-Betreiber ins Visier des Datenschutzes geraten. Siehe z.B. Thomas Stadler, «Aberwitziger Datenschutz made in Germany», *Internet-Law: Onlinerecht und Bürgerrecht 2.0*, 21.2.2011: http://www.internet-law.de/2011/02/aberwitziger-datenschutz-made-in-germany.html

15 Michael Seemann prägt diesen Begriff als Beschreibung der Zustände im Netz, siehe: «Die Krankenakte von Tut Ench Amun», *ctrl+verlust*, 11.2.2010: http://www.ctrl-verlust.net/die-krankenakte-von-tut-ench-amun/

16 Udo Vetter, «Datenschmuggel ist ein Verbrechen», *law blog*, 26.4.2011: http://www.lawblog.de/index.php/archives/2011/04/26/datenschmuggel-ist-ein-verbrechen/

17 Carsten Meyer, «Net ohne Inter: Iran plant Netz-Abkopplung», *heise online*, 28. 5. 2011: http://www.heise.de/newsticker/meldung/Net-ohne-Inter-Iran-plant-Netz-Abkopplung-1251925.html
18 Brad Stone, «Amazon Erases Orwell Books From Kindle Devices», *The New York Times*, 17. 7. 2009: http://www.nytimes.com/2009/07/18/technology/companies/18amazon.html
19 «Digitales Vergessen: Aigner präsentiert Verfallsdatum für Fotos», *ZEIT ONLINE*, 11. 1. 2011: http://www.zeit.de/digital/datenschutz/2011-01/digitaler-radiergummi/
20 Zur Gefahr, sich mit technischen Verfahren zum Datenschutz umfassende Überwachungssysteme einzuhandeln, siehe auch: Georg Danezis, Seda Gürses, «Illusionen der Kontrolle. Ein kritischer Blick auf den technischen Datenschutz» in: Heinrich-Böll-Stiftung, *#public_life: Digitale Intimität, die Privatsphäre und das Netz*, Berlin 2011. Online unter: http://www.boell.de/publikationen/publikationen-digitale-intimi taet-die-privatsphaere-im-netz-11469.html
21 Konrad Lischka, «Web-Erfinder warnt vor Facebooks Datenmonopol», *SPIEGEL ONLINE*, 20. 11. 2010: http://www.spiegel.de/netzwelt/web/0,1518,730259,00.html
22 Michael Seemann, «datenschutz ist eine brückentechnologie», *140 Sekunden*, 8. 6. 2011: http://www.timklimes.de/140sekunden/140-sekunden/mspro

5. Informationsmacht

1 Für ausgiebige Kritiken des Liberalismus im persönlichen Gespräch danke ich Johannes Grenzfurthner.
2 Ich beziehe mich im Weiteren vor allem auf «Der Panoptismus» in: Foucault 1977.
3 Siehe vor allem «Melden, erfassen, sortieren» in: Aly/Roth.
4 «Wissenschaftliche Soldaten des neuen Reichs» in: Aly/Roth.
5 Zu Methode, Aufstieg und Fall der ideologischen Statistik, siehe vor allem «Siegfried Koller» in: Aly/Roth.
6 Zur letzten Blüte der ausufernden Verwaltungsverdatung, siehe «Von der Volkskartei zur Reichspersonalnummer» in: Aly/Roth.
7 Siehe neben Aly/Roth z. B. auch Schaar, S. 38–39.
8 Aly/Roth S. 16.
9 Aly/Roth S. 17.
10 Dirk-Oliver Heckmann, Hans-Peter Uhl, «In Wahrheit wurde diese Tat im Internet geboren», *Deutschlandfunk*, 26. 7. 2011: http://www.dradio.de/dlf/sendungen/interview_dlf/1513109/
11 Zu Rassismusvorwürfen gegenüber der Polizei, siehe z. B. Jörg Schindler, «Wenn Polizisten zu Tätern werden», Frankfurter Rundschau, 8. 12. 2008: http://www.fr-online.de/politik/wenn-polizisten-zu-taetern-werden/-/1472596/3376234/-/index.html sowie Juliane Wedemeyer, «Flüchtlingsrat:

‹Polizei diskriminiert Schwarze›», *Der Tagesspiegel*, 17.10.2007: http://www.tagesspiegel.de/berlin/brandenburg/polizei-diskriminiert-schwarze/1070092.html

12 Kurz/Rieger, S. 49.
13 Für einen meines Erachtens nicht überzeugenden Beweisführungsversuch, siehe Kurz/Rieger S. 257: Die Kraft der Werbung wird verantwortlich gemacht für «Plunder», der sich bei eBay-Käufern anhäufe, und eine seit Jahren anhaltende Zunahme von Privatinsolvenzen.
14 Zur Bewertung des Erfolgs des Informationsfreiheitsgesetzes, siehe z. B.: Stefan Krempl/Jürgen Kuri, «Bundesbehörden handhaben Informationsfreiheit zunehmend restriktiv», *heise online*, 6.2.2009: http://www.heise.de/newsticker/meldung/Bundesbehoerden-handhaben-Informationsfreiheit-zunehmend-restriktiv-206169.html
15 Hans-Gunnar Axberger/Barbro Wollberg, «Das Öffentlichkeitsprinzip in Schweden»: http://www.sverige.de/lexi/lexi_oeff.htm
16 Susanne Schulz, «Jeder kennt den Lohn des anderen», *DIE ZEIT*, 21.2.2008: http://www.zeit.de/2008/09/Kasten-Schweden
17 Als Beispiel für die Auseinandersetzung siehe z. B. Plutonia Plarre, «Polizei kämpft nun mit offenem Visier», *taz.de*, 26.11.2010: http://www.taz.de/!61902/
18 Stefan Krempl/Stephan Ehrmann, «Polizeigewalt auf Demo gegen den Überwachungsstaat», *heise online*, 13.9.2009: http://www.heise.de/newsticker/meldung/Polizeigewalt-auf-Demo-gegen-den-ueberwachungsstaat-Update-755689.html
19 Jürgen Kuri, «Polizist nach Angriff während Datenschutz-Demo verurteilt», *heise online*, 4.10.2010: http://www.heise.de/newsticker/meldung/Polizist-nach-Angriff-waehrend-Datenschutz-Demo-verurteilt-1101091.html
20 David Brin, *The Transparent Society: Will Technology Force Us to Choose Between Privacy and Freedom?*, Reading/Mass. 1999
21 Vor allem zur piratenparteilichen Kontroverse ums System «Liquid Feedback», siehe: «Liquid Feedback in der Piratenpartei: Datenschutz, Transparenz und das private Politische», *CARTA*, 9.8.2010: http://carta.info/31898/liquidfeedback-in-der-piratenpartei-datenschutz-transparenz-und-das-private-politische/ sowie Torsten Kleinz, «Piratenpartei auf der Gratwanderung zwischen Transparenz und Datenschutz», *heise online*, 6.8.2010: http://www.heise.de/newsticker/meldung/Piratenpartei-auf-der-Gratwanderung-zwischen-Transparenz-und-Datenschutz-1051745.html
22 Siehe den Anfang von Kapitel 7 für eine Idee, wie ein Rest von persönlicher Privatsphäre in einer Transparenten Gesellschaft zu retten sein könnte.
23 Siehe hierzu Sennett, vor allem das Kapitel «The Public Men of the 19th Century», insbesondere S. 214 f.
24 Zu den Wohnprojekten und den damit verbundenen moralischen Hoffnungen gegenüber der Arbeiterschaft, siehe Roger-Henri Guerrand, «Private Räume» in: Perrot.

25 Siehe «Nischengesellschaft» in: Günter Gaus, *Wo Deutschland liegt. Eine Ortsbestimmung*, Hamburg 1983
26 Siehe: Betts.
27 Siehe hierzu vor allem das Kapitel «Tyranny and Intimacy: The Stasi and East German Society» in: Betts.
28 Nicht ganz so stark auf die Gaus'sche Nischengesellschaft, aber dafür besonders stark auf die These einer «horizontalen» Entsolidarisierung zwischen verschiedenen sozialen Gruppen als Bedingung der Stabilität des Regimes geht ein: Andrew I. Port, *Die rätselhafte Stabilität der DDR. Arbeit und Alltag im sozialistischen Deutschland*, Berlin 2010.

6. Post-Privacy-Taktiken

1 Die Bemerkungen zum feministischen Diskurs über die Privatsphäre in diesem Kapitel orientieren sich vor allem an: Krause. Darin insbesondere das Kapitel «Das Private und das Öffentliche».
2 In der Skizze des Coming-Out-Diskurses beziehe ich mich vor allem auf Volker Woltersdorff, *Coming Out. Die Inszenierung schwuler Identitäten zwischen Auflehnung und Anpassung*, Frankfurt/M. 2005. Woltersdorffs Analyse ist weitaus kritischer als meine Darstellung und beschäftigt sich vor allem auch mit identitätspolitischen Kontroversen rund ums schwule Selbstbekenntnis.
3 1973 die American Psychiatric Assocation, 1975 die American Psychological Assocation.
4 Doug Ireland, «The Outing», LA Weekly, 23. 9. 2004: http://www.laweekly.com/2004–09–23/news/the-outing/
5 Kevin Roose, «The Last Temptation of Ted», *GQ*, Februar 2011: http://www.gq.com/news-politics/newsmakers/201102/pastor-ted-haggard
6 Für eine ausführliche Besprechung von «Ugol's Law», die Harry Ugols den Begriff begründendes Posting in alt.sex.bondage einschließt, siehe: http://everything2.com/title/Ugol%2527s+Law
7 Siehe hierzu auch die nur halb scherzhaft gemeinte «Rule 34», die besagt, dass es zu jedem denkbaren Thema im Netz Pornografie gebe.
8 Zu urbanen Netzwerken schwuler Subkultur, siehe z. B. Woltersdorff, S. 247–250. Für Beispiele der BDSM-Subkultur, siehe z. B. die Kapitel «Fast wie im richtigen Leben – SM-Gruppen und Vereine» und «In schlechter Gesellschaft – SM-Partys und andere Lustbarkeiten» in: Kathrin Passig, Ira Strübel, *Die Wahl der Qual. Handbuch für Sadomasochisten und solche, die es werden wollen*, Reinbek 2004.
9 Für eine eher kritische Sichtweise auf diese Netz-Dynamik als eine, die den Kampf um öffentliche Akzeptanz eines Andersseins durch eine Zufriedenheit mit dem eigenen Ghetto ersetze, siehe: Woltersdorff, S. 198–207.
10 «Der Arbeitgeber kann den Mitarbeiter jedoch durch eine Klausel im Arbeitsvertrag zur Verschwiegenheit verpflichten, da er in der Regel ein wirt-

schaftliches und rechtliches Interesse daran hat, dass Gehälter nicht bekannt werden. Diskussionen über unterschiedliche Gehälter könnten im Betrieb ja auch für Zwietracht sorgen.» Interview mit Rechtsanwalt Ernst Schaller, «Das Geheime am Arbeitsverhältnis», *sueddeutsche.de*, 30. 3. 2006: http://www.sueddeutsche.de/karriere/recht-das-geheime-am-arbeitsverhaeltnis-1.517020

11 Einen solchen Dienst bietet für Deutschland zum Beispiel ver.di an: http://www.mediafon.net/empfehlungen.php3

12 Brin, S. 195–196.

13 Michael Seemann, «Vom Kontrollverlust zur Filtersouveränität», *CARTA*, 6. 4. 2011: http://carta.info/39625/vom-kontrollverlust-zur-filtersouveranitat/

14 William B. Irvine, *A Guide To The Good Life: The Ancient Art of Stoic Joy*, Oxford 2009 bietet nicht nur explizit dieses Beispiel auf, sondern auch einen Versuch, stoische Methoden in moderne Alltagstauglichkeiten zu übersetzen.

15 Rössler.

7. Abwägungen

1 Siehe hierzu insbesondere das Kapitel «Juden-Statistik» in: Aly/Roth.

MODERNES LEBEN

Wolfgang Sofsky
Verteidigung des Privaten
Eine Streitschrift
2009. 169 Seiten. Paperback
Beck'sche Reihe Band 1903

David Shields
Reality Hunger
Ein Manifest
Aus dem Englischen von Andreas Wirthensohn
2011. 224 Seiten. Gebunden

Jürgen Wertheimer, Peter V. Zima (Hrsg.)
Strategien der Verdummung
Infantilisierung in der Fun-Gesellschaft
6. Auflage. 2006. 172 Seiten. Paperback
Beck'sche Reihe Band 1423

Jochen Zenthöfer, Christian Rauda
Wem gehört eigentlich... der Kölner Dom?
66 juristische Kuriositäten
2010. 167 Seiten mit 8 Illustrationen
von Reinhard Blumenschein. Paperback
Beck'sche Reihe Band 1971

Peter Wicke
Rock und Pop
Von Elvis Presley bis Lady Gaga
2011. 128 Seiten. Paperback
C.H.Beck Wissen in der Beck'schen Reihe Band 2739

VERLAG C.H.BECK